O programa Perma

Rozieli Bovolini Silveira

O programa Permanência e Êxito no IF Farroupilha

Considerações sobre o Trabalho Pedagógico e o Fracasso Escolar

Novas Edições Acadêmicas

Cover image: www.ingimage.com

Publisher:
Novas Edições Acadêmicas
is a trademark of
International Book Market Service Ltd., member of OmniScriptum Publishing Group
17 Meldrum Street, Beau Bassin 71504, Mauritius

Printed at: see last page
ISBN: 978-613-9-72997-5

DEDICATÓRIA

Aos meus pais que me ensinaram o caminho do amor, do respeito, da honestidade e da luta diária por uma vida digna. Dedico, também, ao meu companheiro de vida: obrigada por caminhar comigo nos momentos mais difíceis.

AGRADECIMENTOS

Primeiramente a Deus, que me permitiu estar viva e ao lado das pessoas que amo.

Aos meus pais, Rozane e Assis, pelo amor incondicional, pela paciência nos momentos de ausências, pelo exemplo de vida e de trabalho. Obrigada! Amo vocês!

Ao meu companheiro e esposo, Eduardo, pois com você essa jornada foi mais segura. Sou infinitamente grata pela paciência, pelo carinho, pelos incentivos diários para que essa dissertação acontecesse. Amo você!

À professora Mariglei, obrigada por acreditar no meu potencial. Sua acolhida e carinho foram o diferencial nessa jornada. Sua presença como orientadora foi, sem dúvida, marcada pelo respeito, pela cumplicidade, pela disponibilidade e pela ética. Admiro-te!

Ao grupo Kairós e à professora Liliana, obrigada por compartilharem comigo seus conhecimentos. Sem dúvida, foram fundamentais para esta pesquisa.

Aos meus amigos(as), colegas de mestrado, de IF Farroupilha, de vida, obrigada! Por muitas vezes o incentivo de vocês fizeram a diferença. Agradeço a Deus, por ter permitido que nossos caminhos se cruzassem.

Ao IF Farroupilha, obrigada pelo apoio a essa pesquisa, à possibilidade de me dedicar integralmente a essa tarefa. Graças a essa oportunidade, enquanto trabalhadora da EPT é que essa pesquisa tornou-se possível.

Finalmente, obrigada a todos(as) aqueles que me proporcionaram crescer, por vezes pelo amor e por vezes pela dor. Todos(as), de uma forma ou de outra, foram importantes nessa jornada da vida.

Toda educação acontece entre sujeitos. É constitutivo de toda prática educativa e cultural ser uma ação humana, de sujeitos humanos, daí estar sempre marcada pela diversidade de experiências culturais dos sujeitos que dela participam. Neste sentido toda pedagogia do trabalho, da escola, ou da família é humanista, adquire seu sentido no fato de ser uma ação humana. (ARROYO, 2012, p. 165).

RESUMO

O PROGRAMA PERMANÊNCIA E ÊXITO NO INSTITUTO FEDERAL FARROUPILHA: TRABALHO PEDAGÓGICO E FRACASSO ESCOLAR

AUTORA: Rozieli Bovolini Silveira
ORIENTADORA: Mariglei Severo Maraschin

A presente pesquisa discute a possibilidade da permanência e a conclusão com êxito dos estudantes da classe trabalhadora, que acessam a Educação Profissional e Tecnológica. Esta discussão foi realizada a partir da análise do Programa Permanência e Êxito (PPE), desenvolvido pelo Instituto Federal Farroupilha. A pesquisa está vinculada à linha pesquisa de Políticas e Gestão em EPT do Mestrado em Educação Profissional e Tecnológica da Universidade Federal de Santa Maria e ao Grupo Kairós – Grupo de Pesquisas e Estudos sobre Trabalho, Educação e Políticas Públicas. Após a apresentação da pesquisa e os encaminhamentos teórico-metodológicos, esta dissertação foi composta por cinco capítulos. Inicialmente são apresentadas as pesquisas anteriores sobre a permanência e êxito, fracasso escolar, evasão e retenção na Educação Profissional e Tecnológica. Em sequência é tratada a historicidade das políticas educacionais para a Educação Profissional e Tecnológica, desde a década de 1990 até o Plano Nacional de Educação aprovado em 2014. O próximo capítulo parte da análise da categoria do Trabalho e a relação com a Educação. Também é apresentada a categoria do Trabalho Pedagógico e as relações iniciais com a produção de dados desta pesquisa. Os últimos capítulos abordam com maior intensidade a política institucional de permanência e êxito do IF Farroupilha e as relações no Trabalho Pedagógico. A análise se deu, a partir da fase de elaboração, das motivações para a criação do programa até a fase de implantação. Como parte de uma realidade histórica, material, que advém de uma práxis, essa pesquisa teve como embasamento teórico e metodológico, o materialismo histórico dialético. Foram realizadas entrevistas com os Coordenadores do PPE e dos Eixos Tecnológicos dos *Campi* de Júlio de Castilhos e São Vicente do Sul, observações registradas no Diário de Campo e a análise documental. Além disso, os estudantes dos Cursos Integrados e Subsequentes foram convidados a responder um questionário sobre a educação no IF Farroupilha. Os campi selecionados tiveram como recorte a área geográfica e a fase de Expansão da Rede Federal de Educação Profissional e Tecnológica. A partir da produção de dados foi possível perceber que existe um dualismo de concepções sobre a Educação Profissional e Tecnológica e diferentes posicionamentos sobre permanência e êxito. Embora a política educacional, que rege os Institutos Federais, seja marcada pela inclusão e justiça social, a realidade demonstra que ainda há movimentos de exclusão e eliminação. Além disso, foi possível analisar que o vínculo no Trabalho Pedagógico é marcado pelo distanciamento afetivo e o disciplinamento, embora houvesse movimentos de acolhimento.

Palavras-chave: permanência e êxito; educação profissional e tecnológica; fracasso escolar; trabalho e educação; trabalho pedagógico.

ABSTRACT

THE PERMANENCE AND SUCCESS PROGRAM IN THE FEDERAL INSTITUTE FARROUPILHA: PEDAGOGICAL WORK AND SCHOOL FAILURE

AUTHOR: Rozieli Bovolini Silveira
ADVISOR: Mariglei Severo Maraschin

The present research discusses the possibility of the permanence and the successful conclusion of the students of the working class, who access the Professional and Technological Education. This discussion was based on the analysis of the Permanence and Success Program (PPE), developed by the Federal Institute Farroupilha. The research is linked to the research line of Policy and Management in EPT of the Master in Professional and Technological Education of the Federal University of Santa Maria and the Kairós Group - Group of Researches and Studies on Work, Education and Public Policies. After the presentation of the research and the theoretical-methodological routings, this dissertation will be composed of five chapters. In the first instance, previous research on the permanence and success, school failure, evasion and retention in Professional and Technological Education is presented. After this, the historicity of educational policies for Professional and Technological Education, from the 1990s to the National Education Plan approved in 2014, is dealt with. The next chapter begins with the analysis of the category of Work and the relationship with Education. It also presents the Pedagogical Work category and the initial relations with this research data production. The last chapters deal more intensively with the institutional policy of permanence and success of the IF Farroupilha and the relations in Pedagogical Work. The analysis took place, from the elaboration stage, on the motivations for creating the program until the implementation phase. As part of a material historical reality, that comes from a praxis, this research had as methodological foundation, historical dialectical materialism. Interviews were carried out with the PPE Coordinators and the Technological Axes of Júlio de Castilhos and São Vicente do Sul Campi, as well as documentary analysis and on-site observations that were registered in the field record book. In addition, the students of the Integrated and Subsequent Courses were invited to answer a questionnaire about education at IF Farroupilha. The selected campuses had as a clipping the geographical area and the Expansion phase of the Federal Network of Professional and Technological Education. From the data production, it was possible to perceive that there is a dualism of conceptions about Professional and Technological Education and different positions about permanence and success. Although the educational policy, that rules the Federal Institutes, is marked by inclusion and social justice, reality shows that there are still exclusion and elimination movements. In addition, it was possible to analyze that the link in Pedagogical Work is marked by affective distancing and disciplining, although there were host movements.

Keywords: permanence and success; professional and technological education; school failure; work and education; pedagogical work.

LISTA DE QUADROS

LISTA DE GRÁFICOS

LISTA DE FIGURAS

LISTA DE ABREVIATURAS E SIGLAS

Capes	Coordenação de Aperfeiçoamento de Pessoal de Nível Superior
Cefet	Centro Federal de Educação Tecnológica
Codir	Colégio de Dirigentes
Consup	Conselho Superior
EAD	Educação à Distância
EJA	Educação de Jovens e Adultos
EPT	Educação Profissional e Tecnológica
Flacso	Faculdade Latino-Americana de Ciências Sociais
IF	Instituto Federal de Educação, Ciência e Tecnologia
Ifes	Institutos Federais de Educação, Ciência e Tecnologia
IF FARROUPILHA	Instituto Federal de Educação Ciência e Tecnologia Farroupilha
Ipea	Instituto de Pesquisa Econômica Aplicada
JC	Júlio de Castilhos
MHD	Materialismo Histórico e Dialético
PDI	Plano de Desenvolvimento Institucional
Pnad	Pesquisa Nacional por Amostra por Domicílio
Pnaes	Programa Nacional de Assistência Estudantil
PPC	Projeto Pedagógico de Curso
PPE	Programa Permanência e Êxito
Proeja	Programa Nacional de Integração da Educação Profissional com a Educação Básica na Modalidade de Educação de Jovens e Adultos
Pronatec	Programa Nacional de Acesso ao Ensino Técnico e Emprego
Scielo	Scientific Eletronic Library Online
Setec	Secretaria de Educação Profissional e Tecnológica
Sistec	Sistema Nacional de Informações da Educação Profissional e Tecnológica
SVS	São Vicente do Sul
TCLE	Termo de Consentimento Livre e Esclarecido
TCU	Tribunal de Contas da União
Tecnep	Programa de Educação, Tecnologia e Profissionalização para pessoas com necessidades educacionais especiais
TP	Trabalho Pedagógico
UFSM	Universidade Federal de Santa Maria
Uned	Unidade Descentralizada de Ensino

SUMÁRIO

27

1 INTRODUÇÃO

As temáticas da evasão e retenção ocupam um espaço de preocupação no cenário das políticas públicas educacionais, visto que várias ações são implementadas para minimizar os seus efeitos. Considerando a educação profissional e tecnológica, uma modalidade permeada por concepções ideológicas diferentes, que a fizeram pendular entre dois pólos[1], se fez necessário estudar suas vicissitudes e as políticas educacionais que a envolvem.

A complexidade que envolve o tema é ainda pouco aprofundada no contexto da educação profissional e tecnológica, conforme pesquisas anteriores que apontam para um campo restrito de estudos (DORE e LUSCHER, 2011; CRAVO, 2012; MACHADO e MOREIRA, 2012). Nos estudos anteriores, a evasão e a retenção são problemáticas tratadas em diferentes modalidades e níveis de ensino e, na maioria dessas pesquisas, o foco é sobre as causas e fatores para os estudantes abandonarem precocemente a escola.

A pesquisa bibliográfica no banco de dados do site Scielo foi realizada com os descritores: permanência e êxito, evasão e Educação Profissional, desses descritores foram encontrados apenas três artigos. Dois desses artigos estão vinculados ao grupo de pesquisa da Universidade Federal de Minas Gerais, dos autores Sales (2014) e Dore e Luscher (2011). No primeiro deles, Sales (2014) aborda os métodos utilizados em sua pesquisa para identificação dos fatores que levam a permanência ou evasão na Educação Profissional. O segundo artigo, as autoras Dore e Luscher (2011) apresentam os principais fatores que contribuem para a permanência dos estudantes em escolas técnicas, mais especificadamente da modalidade integrada ao ensino médio. O terceiro artigo trata a evasão no ensino superior e de como identificá-la (TONINI e WALTER, 2014). Esses artigos também focam a caracterização da evasão, com as causas possíveis que levam ao abandono.

---

[1] O movimento pendular das políticas públicas na Educação Profissional e Tecnológica faz referência a dois projetos antagônicos de conceber a EPT, ora um movimento de formação profissional submetida ao mercado de trabalho, formação baseada na profissionalização, ora uma educação profissional integrada à formação geral, incluindo a formação humana, técnica e científica (MOURA, 2010).

Com os descritores abandono e Educação Profissional foram encontrados nove artigos, porém somente um, trata diretamente do tema evasão na Educação Profissional e Tecnológica. O artigo dos autores Silva, Pelissari e Steimbach (2013) aborda a relação entre juventude, escola e trabalho com permanência na Educação Profissional Técnica de Nível Médio[2]. Outra questão é a nomenclatura dada ao fenômeno da evasão, retenção, permanência, êxito e abandono, com diferentes concepções sobre essa problemática. Ou seja, as concepções e as ações para a permanência e êxito dos estudantes da Educação Profissional e Tecnológica não foram suficientemente esclarecidas.

Nesse sentido, essa pesquisa apropriou-se desse enredamento que envolve o tema da evasão e retenção no contexto da Educação Profissional e Tecnológica, mais especificadamente em um Instituto Federal de Educação Ciência e Tecnologia, que abrange diferentes formas, níveis e modalidade de ensino, conforme prevê a lei n. 11.741, de 16 de julho de 2008. Os IFs fazem parte de um novo movimento das políticas educacionais e, com ele, diferentes concepções sobre a EPT, como a possibilidade dos Cursos Integrados ao Ensino Médio. Os IFs como parte desse novo movimento, contemplam a possibilidade da integração curricular no Ensino Médio, os cursos são organizados para que o estudante possa percorrer um itinerário formativo e uma concepção de EPT, que possibilite o acesso da classe trabalhadora à educação. A pesquisa tem como tema fracasso escolar e o Trabalho Pedagógico na Educação Profissional e Tecnológica em relação aos desdobramentos do programa permanência e êxito do Instituto Federal Farroupilha.

A evasão e retenção de estudantes da Rede Federal de Educação Profissional e Tecnológica foi objeto de auditoria do Tribunal de Contas da União que gerou o Acórdão TCU Nº 506 de 13 de março de 2013, apontando índices elevados de evasão e retenção na rede, recomendando à Secretaria de Educação Profissional e Tecnológica (SETEC), o desenvolvimento de ações a fim de minimizar esses efeitos. O Acórdão do TCU analisou cinco questões relacionadas aos resultados da Educação Profissional dos Institutos Federais e uma delas é a caracterização da evasão escolar e ainda apresenta apontamentos de como reduzi-la.

---

[2] Pesquisa bibliográfica realizada em fevereiro de 2016.

A atenção do TCU é em virtude da grande expansão da Rede Federal, a partir de 2008 e, consequentemente, grandes investimentos financeiros dos cofres públicos. Os índices apontados pelo TCU[3] indicam a taxa de evasão nos Cursos Técnicos Integrados ao Ensino Médio de 6,4% e de retenção 44,4%, já nos Cursos Técnicos Subsequentes, o índice de evasão foi de 18,9% e de retenção 49,3%. Um diagnóstico qualitativo e quantitativo[4] também foi realizado no IF Farroupilha e revelou que em 2014 o índice de evasão nos cursos integrados, numa média de todos os *campi*, foi de 10,3% e nos Cursos Subsequentes 19,2%. Os índices de retenção na Instituição são ainda maiores, 69,2% nos Cursos Subsequentes e 19,1% nos Cursos Integrados.

Os gráficos abaixo sintetizam os dados do SISTEC, nos Institutos Federais. As barras vermelhas sinalizam os índices dos egressos sem êxito; as laranjas, os estudantes retidos; as azuis, os estudantes em curso; as verdes-claras, estudantes que estão em curso, porém em situação integralizada e, por último, as barras verdes escuras representam os estudantes egressos que concluíram com êxito.

No *lócus* da pesquisa, o Instituto Federal Farroupilha, o índice de evasão ou egressos sem êxito é de 43,92%. O índice de retenção é de 5,4% dos estudantes, de conclusão com êxito, 30,75%. De forma geral, para todos os Institutos Federais esses índices representam a necessidade de atenção, visto que mais da metade dos estudantes que ingressam, não concluem no tempo previsto nos Projetos Pedagógicos dos Cursos.

Gráfico 1- Índices de evasão, retenção, integralização e conclusão nos IFs

---

[3] Índices de 2013 na Rede Federal de Educação Profissional e Tecnológica.
[4] Diagnóstico quantitativo realizado a partir dos dados extraídos do Sistema Nacional de Informações da Educação Profissional e Tecnológica- SISTEC. O diagnóstico apontará inconsistência nos índices extraídos pelo SISTEC, ou seja, pode não representar uma rigorosa descrição da realidade da instituição.

Graduação e Técnico - Situação das Matrículas

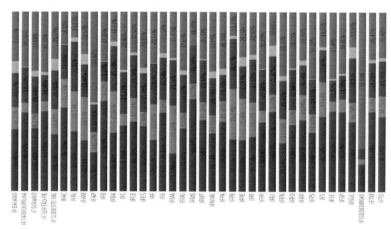

Fonte: Pró-reitoria de Ensino do Instituto Federal do Ceará (2017)

O próximo gráfico apresenta o quantitativo de evasão, retenção, integralização e conclusão, por modalidade de ensino. A análise da pesquisa se deterá na modalidade integrada e subsequente dos cursos técnicos. O comparativo, entre essas duas modalidades aponta para índices maiores de evasão e retenção nos Cursos Subsequentes, conforme gráfico abaixo.

Gráfico 2- Índices de evasão, retenção, integralização e conclusão por modalidade e nível de ensino.

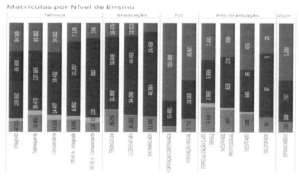

Fonte: Pró-reitoria de Ensino do Instituto Federal do Ceará (2017)

A partir desses dados do SISTEC e do Relatório do TCU, em 2014, Instituto Federal Farroupilha formou uma comissão para construir o Programa Permanência e Êxito. Essa comissão elaborou um plano de ações (ANEXO B), a partir dos fatores para evasão e retenção apontados em estudos anteriores.

A preocupação com a evasão e retenção escolar no Instituto Federal Farroupilha é também demonstrada no Plano de Desenvolvimento Institucional (2014-2018) no qual salientam a importância da avaliação contextual das ações: "[...] precisamos criar instrumentos avaliativos capazes de diagnosticar de forma contextual e precisa, as causas da evasão e da retenção [...]" (p. 168). No ano de 2017, durante um pronunciamento da Reitora, no início do ano letivo, a permanência e o êxito dos estudantes foram elencados como prioridades da instituição.

As indagações sobre a complexidade da Educação Profissional e Tecnológica, em específico a evasão e retenção de muitos estudantes, oriundos em grande parte, da classe trabalhadora, surgiram a partir das vivências da pesquisadora, como servidora pública de uma Instituição de Educação Profissional e Tecnológica. Então, a partir das considerações realizadas e dos índices apresentados, chega-se à problematização da pesquisa: em que medida o Instituto Federal Farroupilha compreende e desenvolve[5] a política institucional denominada Programa Permanência e Êxito?

Como objetivo geral, a pesquisa propõe-se a analisar o desenvolvimento da Política Institucional implementada pelo Programa Permanência e Êxito (PPE) no Instituto Federal Farroupilha, a partir dos *campi* São Vicente do Sul e Júlio de Castilhos. Os objetivos específicos são: caracterizar as concepções de permanência e êxito no IF Farroupilha; compreender as possíveis relações entre o Trabalho Pedagógico e o sucesso ou fracasso escolar; relacionar o Programa Permanência e Êxito com a política dos Institutos Federais; comparar o desenvolvimento da política de permanência e êxito e do Trabalho Pedagógico nos cursos integrados e subsequentes.

Somente o acesso à educação não garante a permanência e êxito dos sujeitos na escola. É necessário o entrelaçamento de políticas educacionais e a ressignificação dos

[5] Compreende no sentido das concepções sobre EPT, sobre Permanência e êxito e desenvolve no sentido das ações e relações estabelecidas com os sujeitos do IF.

sujeitos em relação a essas políticas, para que assim, os estudantes acessem a educação como um direito fundamental. Nesse sentido, investigar os índices de evasão e retenção, bem como o acompanhamento de programas para suprir essa demanda, é importante para que os pressupostos das políticas educacionais para a Educação Profissional e Tecnológica sejam efetivados em seus contextos.

Assim, essa pesquisa parte de uma concepção crítica da educação, da qual busca desvelar os fatos que determinam a vida das pessoas, nesse caso, dos estudantes que acessam os Institutos Federais de Educação, Ciência e Tecnologia. Por isso a perspectiva crítica, embasada no Materialismo Histórico Dialético vai ao encontro da proposta desse trabalho: olhar e sentir o real a partir de um lugar de trabalhadora, que a pesquisadora ocupa, nas suas contradições, os movimentos históricos que constituem a vida em sociedade.

Essa dissertação terá como composição, inicialmente, os encaminhamentos teórico-metodológicos que orientaram a pesquisa. O próximo capítulo trata a historicidade das Políticas Educacionais que orientaram e orientam a Educação Profissional e Tecnológica no Brasil. Nesses percursos são apresentados os decretos e as leis desde a década de 1990 até o Plano Nacional da Educação, aprovado em 2014; é tratada, também, a constituição dos Institutos Federais de Educação, Ciência e Tecnologia, a sua expansão, as concepções e as diretrizes.

O quarto capítulo aborda a política institucional do IF Farroupilha, a partir do movimento do fracasso escolar, da permanência e do êxito. Inicialmente é apresentado o desenvolvimento do Programa, desde a sua organização até a implantação. Foram problematizadas as motivações, as concepções e a integração dos sujeitos para com o PPE. Dando sequência, foram trabalhadas as concepções sobre permanência e êxito e os fatores, apontados pelos entrevistados, como possibilitadores da evasão e retenção.

No quinto capítulo são apresentadas as relações entre o Trabalho e Educação e o Trabalho Pedagógico. Nesse capítulo foi desenvolvida a concepção que orienta esta dissertação sobre o trabalho, enquanto constitutivo do humano e as relações que se dão com a educação, assim tendo como base, as contribuições marxianas. Por conseguinte, é apresentada a categoria do Trabalho Pedagógico e as relações iniciais com a produção de dados da pesquisa.

O sexto e último capítulo apresenta as intervenções no processo de permanência e êxito e as relações sociais no Trabalho Pedagógico. Nessa seção foram apresentadas as ações planejadas no PPE e as ações realizadas nos Campi e as relações que se estabelecem entre os sujeitos da escola. São discutidas ainda, as relações entre o Trabalho Pedagógico e permanência e êxito dos estudantes. E por último são apresentadas as considerações finais sobre esse trabalho, as referências bibliográficas, os anexos e apêndices.

2 ENCAMINHAMENTOS TEÓRICO-METODOLÓGICOS

Neste espaço é apresentado o tipo de pesquisa que foi desenvolvida, bem como o embasamento teórico sobre a orientação metodológica proposta, além dos sujeitos que participaram da pesquisa e os instrumentos utilizados. Primeiramente serão discutidas as categorias do método do Materialismo Histórico e Dialético (MHD) e da análise dos dados.

Este estudo tem como delineamento a pesquisa qualitativa, pois vai ao encontro da proposta do Materialismo Histórico e Dialético. Flick (2009) descreve a pesquisa qualitativa como sendo uma análise de fenômenos concretos, relacionando com as particularidades de um determinado local e tempo. A análise partirá das relações das pessoas com esse contexto situado no tempo e no espaço. Para isso a pesquisadora buscou desenvolver uma atitude de pesquisa, indo além da habilidade técnica, mas também da flexibilidade e curiosidade para com a manipulação dos métodos.

É necessário então, partir da análise macroestrutural para se chegar à particularidade dessa pesquisa. Para isso é preciso compreender a problemática da evasão e retenção no sistema escolar e as relações com as políticas públicas educacionais, visto que refletem em índices cada vez maiores de exclusão social, denunciando a contradição inerente ao capitalismo.

Essa problemática, no contexto da Educação Profissional e Tecnológica ainda mostra-se como um campo restrito de pesquisa, além de ter características específicas[6] que a diferem da educação básica. Como parte de uma realidade histórica, material, que advém de uma práxis, essa pesquisa teve como percurso metodológico, o Materialismo Histórico Dialético. Em busca de sentidos, a partir das análises dos dados e do percurso formativo da pesquisadora serão abordados autores de uma perspectiva crítica em Educação Profissional e Tecnológica e também autores da Psicologia. A concepção crítica parte da práxis da pesquisadora, a partir da realidade da qual está

---

[6] Uma dessas características é a possibilidade da superação entre a separação da educação e trabalho, numa perspectiva de formação integral.

inserida, como trabalhadora de uma instituição de Educação Profissional e Tecnológica, busca um novo conhecimento a ser produzido. A partir do concreto, sua atuação como trabalhadora, parte para o movimento de abstração da teoria, para após, um novo movimento do concreto.

Machado (2015), no artigo "Centralidade do marxismo nos núcleos de pesquisa sobre trabalho e educação" argumenta sobre a teoria marxista enquanto método de pesquisa e as relações com a práxis. A autora parte do entendimento de que o socialismo é o sistema que supera as contradições inerentes ao sistema capitalista e nesse sentido que se faz o questionamento, o quanto as pesquisas, que são realizadas com base no Materialismo Histórico e Dialético, aproximam concretamente da prática social enquanto emancipatória do trabalho e enquanto revolucionária.

A partir disso, pode-se entender que a evasão e a retenção de muitos estudantes - que ingressam nas instituições de Educação Profissional e Tecnológica - acontecem por serem filhos de trabalhadores que veem seus direitos por uma educação e pelo trabalho, esvaziados pelas contradições impostas pelo capitalismo e pela escola como reprodutora desse sistema.

Kuenzer, nos artigos "Desafios teórico-metodológicos da relação trabalho-educação e o papel social da escola" e "Trabalho e escola: aprendizagem flexibilizada", de 2012 e 2016, respectivamente, retoma a importância dos estudos teóricos estarem intrinsecamente relacionados à compreensão e transformação da realidade. Ao citar Marx e Engels, Kuenzer (2012) ressalta como a práxis é construída.

> São Marx e Engels que dão suporte a esta conclusão, quando afirmam ser a práxis o fundamento do conhecimento, posto que o homem só conhece aquilo que é objeto ou produto de sua atividade e porque atua praticamente, o que conferirá materialidade ao pensamento. A verdade objetiva, dizem os autores, enquanto concordância entre pensamento e realidade, não é um problema que se possa resolver teoricamente pelo confronto entre diferentes pensamentos; *a verdade só se constituirá a partir da relação entre pensamento e realidade, e só assim será práxica* (KUENZER, 2012, p. 58, grifo nosso).

No texto mais recente de Kuenzer (2016), a autora contextualiza a categoria práxis no cenário atual das aprendizagens flexíveis e diz que "a partir da práxis, entende-se a prática sempre como ponto de partida e ponto de chegada do trabalho intelectual, através do trabalho educativo, que integra estas duas dimensões" (2016, p. 15). Acrescenta que a prática e a teoria dissociadas, não são capazes de explicar a realidade, como a autora explica:

> A prática, contudo, não fala por si mesma; os fatos, ou fenômenos, têm que ser identificados, contados, analisados, interpretados, já que a realidade não se deixa revelar através da observação imediata; é preciso ver para além das aparências, que mostram apenas os fatos superficiais, aparentes, que ainda não se constituem em conhecimento. Para conhecer é preciso superar o que é aparente, para compreender as relações, as conexões, as estruturas internas, as formas de organização, as relações entre parte e totalidade, as finalidades, que não se deixam conhecer no primeiro momento (KUENZER, 2016, p. 7).

Nesse sentido, a práxis é compreendida como um dos elementos centrais da pesquisa, que tem com base epistemológica o Materialismo Histórico e Dialético. O Materialismo Histórico Dialético é entendido nessa pesquisa, como aporte teórico e metodológico, oriundo das concepções de Marx sobre a forma de conceber a realidade social. Em relação à dialética materialista histórica enquanto método de análise, Frigotto (2010) acrescenta:

> Na perspectiva materialista histórica, o método está vinculado a uma concepção de realidade, de mundo e de vida no seu conjunto. A questão da postura, neste sentido, antecede ao método. Este se constitui em uma espécie de mediação no processo de aprender, revelar e expor a estruturação, o desenvolvimento e transformação dos fenômenos sociais (FRIGOTTO, 2010, p. 84).

A realidade material é vista histórica e dialeticamente. Para Marx (2013), no Posfácio da segunda edição d'O Capital, o seu método deve levar em conta a materialidade das relações e não o lado místico e fenomênico da dialética como apresentada por Hegel. Para análise, o mais importante é a lei de sua modificação, de uma ordem de relação para outra, compreendida num espaço de tempo, pois assim é possível revelar as contradições da sociedade capitalista. Após a análise dessa realidade material é possível observar como se relaciona com a vida social. Ou seja, para Marx a dialética apresentada por Hegel está "de cabeça para baixo. É preciso desvirá-la, a fim de descobrir o cerne racional dentro do invólucro místico" (p. 91). É preciso compreender a realidade, a partir das bases materiais e históricas de produção, da sociedade (MARX, 2013).

Konder (2008), em "O que é Dialética", define o materialismo histórico de Marx e Engels como não normativo.

[...] ele reconhece que, nas condições de insuficiente desenvolvimento das forças produtivas humanas e de divisão da sociedade em classes, a economia tem imposto, em última análise, opções estreitas aos homens que fazem a história. Isso não significa que a economia seja o sujeito da história, que a economia vai dominar eternamente os movimentos do sujeito humano. Ao contrário: a dialética aponta na direção de uma libertação mais efetiva do ser humano em relação ao cerceamento de condições econômicas ainda desumanas (KONDER, 2008, p. 69-70).

Frigotto (2010) compreende a dialética materialista "como uma postura, um método de investigação e uma práxis" (p. 86), do qual é possível a superação para a uma transformação. E ainda, a dialética se situa num contexto real e histórico, visível a partir das "relações contraditórias, conflitantes, de leis de construção, desenvolvimento e transformação dos fatos" (p. 82).

É partir de uma concepção crítica que essa pesquisa se embasa. Compreender a realidade de estudantes, professores e técnico-administrativos da Educação Profissional e Tecnológica, a partir de suas subjetividades, seus vínculos, que compõem a objetividade da vida material, das relações com o trabalho e a educação, no capitalismo. Nesse sentido, a relação "mundo externo" e "mundo interno" deixam de fazer sentido separadamente, pois "o mundo psicológico é um mundo em relação dialética com o mundo social" (BOCK, 2015, p.31).

O pensamento dialético é o que permite a superação da dicotomia entre objetividade e subjetividade, com base na categoria da contradição. Porque no Materialismo Histórico e Dialético "o homem só é indivíduo, ou melhor, só se constitui indivíduo porque é social e histórico" (GONÇALVES, 2015, p. 56). As unidades objetividade e subjetividade são apresentadas em constante movimento de transformação, ou seja, uma análise que parte da totalidade para as relações materiais da vida cotidiana de trabalhadores é o movimento contraditório que permite uma análise crítica da realidade (GONÇALVES, 2015).

É por meio do trabalho que o humano estabelece relações com os outros indivíduos e com a natureza, transformando-a. Por isso que o trabalho só pode ser compreendido dentro das relações sociais, pois há múltiplas determinações. Nessas relações cada um ocupa um lugar e atividade que irá desenvolver (BOCK, 2008).

Assim, para analisar as múltiplas determinações sobre a problemática dessa pesquisa, a contradição, a historicidade, a totalidade, a mediação e a práxis serão as categorias do método que darão sentidos a presente pesquisa, juntamente com as categorias de análise. Cury (1986) no livro "Educação e contradição: elementos metodológicos para uma teoria crítica do fenômeno educativo" compreende as categorias do método como "conceitos básicos que pretendem refletir os aspectos gerais e essenciais do real, suas conexões e relações" (p. 21). Ou seja, as categorias adquirem sentidos que são fundadas na realidade a ser analisada, de um contexto real, histórico, econômico e político (CURY, 1986).

Como descrito anteriormente, a práxis pode ser entendida como a produção de um conhecimento novo, a partir do movimento entre o concreto e o abstrato. De acordo com Frigotto (2010) a práxis é o que sustenta o método materialista histórico "a práxis expressa, justamente, a unidade indissolúvel de duas dimensões distintas, diversas no processo de conhecimento: a teoria e a ação" (p. 89). Ou seja, a reflexão teórica deve acontecer embasada numa realidade histórica concreta e assim, buscar a transformação.

É a partir da historicidade que é possível compreender os fenômenos sociais com as suas dimensões históricas. Tendo como ponto de partida o conhecimento histórico, é possível fazer da pesquisa um espaço de luta, visto que o materialismo histórico está embasado na luta da classe trabalhadora. Ou seja, não é possível ser neutro, pois a ciência não está imune aos embates reais e históricos que dividem a sociedade em classes (FRIGOTTO, 2010). Quando reportada ao contexto da pesquisa, é possível observar uma construção histórica dos Institutos Federais[7], que atravessa o IF Farroupilha, além das histórias dos sujeitos que fazem parte dessa totalidade. E também o momento histórico em que a evasão e a retenção tomam espaço.

Outra categoria do método é a totalidade. Com base nela que é possível compreender o todo e suas partes, inseridos numa história. Konder (2008) afirma que embora nem todos os aspectos sejam percebidos pelo pesquisador, é a partir da síntese que é possível observar a estrutura significativa da realidade. E "é essa estrutura significativa que a visão de conjunto proporciona, que é chamado totalidade"

---

[7] Alguns elementos da historicidade da Educação Profissional e Tecnológica foram trabalhados na seção 2.2- A constituição dos Institutos Federais de Educação, Ciência e Tecnologia.

(p.37). Para Cury (1986) a totalidade refere-se à capacidade do homem conectar dialeticamente sua subjetividade com outros processos e assim com a realidade mais ampla.

Compreender a totalidade é ter como base uma concepção do todo no qual os processos são dinâmicos e exercem influência sobre os indivíduos. Os fatos são analisados a partir de um sujeito, de um lugar que ocupam uma totalidade, do qual se relaciona com os outros e são resistentes a essa superestrutura (Kuenzer *apud* Maraschin, 2015). Esse sujeito compreendido nessa totalidade dinâmica, estruturada, histórica dá sentido à outra categoria do método: a mediação.

Para a pesquisa, a categoria mediação assume relevância, à medida que compreende o sujeito que decide abandonar a escola, não apenas por fatores individuais, mas também por forças macroestruturais, situados no tempo e no espaço. De acordo com Ciavatta (2009) a mediação é a categoria do qual é possível tomar o sujeito na sua dimensão historicizada, compreendido numa totalidade da qual tem suas determinações universais, além de situada em sua contextualização histórica. Cury (1986) relaciona a mediação enquanto categoria que concretiza as ideias e ao mesmo tempo dão significado às ações, que se relacionam com o todo.

E também como categoria do método, a contradição. Quando o pesquisador parte sua análise de qual totalidade o objeto a ser pesquisado está inserido, ele irá se deparar com movimentos contrários que fazem parte de uma mesma realidade, responsáveis pela unidade do todo. Para Konder (2008) a contradição é "reconhecida pela dialética como princípio básico do movimento pelo qual os seres existem". (Idem, p. 49).

Para Cury (1986) a contradição é a categoria essencial do método, pois é a base da metodologia dialética. É a partir da contradição que a sociedade desenvolve, num movimento entre o provisório e o superável, entre o conflito e o devir. A contradição, enquanto movimento do real, é capaz de captar a realidade "como sendo o resultado de uma inadequação pugnativa entre o que é e o que ainda não é, numa análise contraditória" (CURY, 1986, p. 31). Nesse movimento de luta de contrários, que é possível a superação, pois a contradição é criadora na medida em que se torna a síntese entre a tese e a antítese (CURY, 1986).

No intuito de dar concretude às categorias do método, a pesquisa foi realizada com os sujeitos que vivenciaram a implantação e desenvolvimento do PPE no IF Farroupilha, nos dois *campi* mais próximo da região central do Rio Grande do Sul: Campus Júlio de Castilhos e Campus São Vicente do Sul. Um dos critérios para escolha dessa população é a relação com o Programa Permanência e Êxito que foi criado e desenvolvido por todos os *campi* do referido IF. A pesquisadora é, também, servidora do IF Farroupilha, do campus de Júlio de Castilhos atuando na Direção de Ensino, como assistente em administração. O envolvimento da pesquisadora, com o Programa, deu-se desde o início da proposição do Programa Permanência e Êxito. Então, essa pesquisa está diretamente relacionada ao trabalho desenvolvido na Instituição que faz parte.

A amostra foi constituída a partir dos critérios geográficos, sendo escolhidos dois *campi* que fazem parte da região central do RS. Esses dois *campi* também compõem o critério de tempo, sendo da 1ª fase do Plano de Expansão da Rede Federal de Educação Profissional e Tecnológica, ou seja, foram considerados os *campi* que eram UNEDs e CEFETS nessa 1ª fase da expansão. Essa escolha justifica-se por serem *campi* com uma história mais longa, possibilitando observar a historicidade, a dialética e a contradição nas concepções sobre as políticas para a Educação Profissional e Tecnológica que ora estavam relacionadas ao mercado de trabalho e ora ao mundo do trabalho, além da permanência e do êxito.

A análise dessa pesquisa focou nas formas de ensino dos Cursos Técnicos Integrados e Subsequentes. Para isso, a entrevista com os sujeitos da pesquisa, conteve questões sobre como as ações do PPE estão sendo desenvolvidas nas duas modalidades de curso técnico. Os membros entrevistados foram: os coordenadores do PPE e os coordenadores de eixo dos cursos técnicos que se dispuseram a participar da pesquisa. Também foram convidados os estudantes dos Cursos Técnicos Integrados e Subsequentes, que são maiores de 18 anos[8], para responderem a um questionário. Como recorte de pesquisa, foram excluídos do recorte da pesquisa, os estudantes dos

---

[8] Esse recorte foi necessário em razão das questões éticas.

cursos integrados na modalidade PROEJA.

Inicialmente foram contatados os coordenadores do PPE, via e-mail e posteriormente por telefone. Após uma conversa inicial sobre os objetivos da pesquisa, foi agendado o encontro no Campus SVS e na residência do Coordenador do PPE, do Campus de JC. Foi solicitado o auxílio dos Coordenadores do PPE para contatar os Coordenadores dos Eixos Tecnológicos e agendar um encontro coletivo ou também individual.

No total foram duas visitas no Campus SVS e três visitas no Campus JC, que foram relatadas no Diário de Campo, conforme quadro 1. Em todas elas, a pesquisadora foi recebida por um dos membros do Setor de Apoio Pedagógico. A produção de dados, pelas entrevistas, questionários e Diário de Campo, se deu nos meses de novembro e dezembro de 2016.

Quadro 1: Produção de dados nos campi

	Campus 1	Campus 2
Entrevista com o(a) coordenador(a) do PPE	1	1
Entrevista ou questionário com os coordenadores dos eixos tecnológicos	2	4
Questionários com os estudantes	38	28
Relatos do Diário de Campo	3	2

Fonte: Autora

Na primeira visita ao Campus 2 foram realizadas fotos dos cartazes fixados nas paredes sobre o movimento das ocupações[9] e também anexadas ao Diário de Campo. Na primeira visita ao Campus 2 foi entrevistado(a) o(a) Coordenador(a) do PPE e agendado o próximo encontro para aplicação do questionário com os estudantes e

---

[9] As ocupações realizadas pelos estudantes, nos Institutos Federais de todo Brasil ocorreram no final do ano de 2016. Entre as pautas de reivindicações, estava à posição contrária, a então Proposta de Emenda Constitucional- PEC 241 e também à Reforma do Ensino Médio (MP 746) e o Projeto Escola Sem Partido (PLS 193).

também entrevista com os Coordenadores de Eixo. No outro encontro foram entrevistados dois Coordenadores de Eixo de forma conjunta. Os outros dois Coordenadores de Eixo solicitaram que a entrevista fosse enviada por e-mail, visto que se tratava do final do período letivo e todos estavam sobrecarregados de atividades. Nessa visita também foi realizado o questionário com os estudantes dos Cursos Subsequentes e Integrados ao Ensino Médio. E para os Coordenadores do Eixo de Recursos Naturais e do Eixo de Gestão e Negócios, a entrevista foi enviada por e-mail e retornada no final de 2016.

No campus 1, o primeiro encontro, a pesquisadora foi convidada a participar como ouvinte de uma reunião com os membros da comissão do PPE. Essa reunião foi relatada no Diário de Campo. Na outra visita foi entrevistado(a) o(a) Coordenador(a) do Eixo de Recursos Naturais e também foram realizados os questionários nas turmas do Ensino Médio Integrado e dos Subsequentes. No terceiro encontro foi realizada a entrevista com a Coordenador(a) do Eixo de Informação e Comunicação.

Todos os participantes da pesquisa receberam uma cópia do Termo de Consentimento Livre e Esclarecido e nesse sentido, para preservar a confidencialidade e o sigilo dos entrevistados foram identificados somente os cargos dos respondentes e o campus no qual trabalham, numerados campus 1 e campus 2. O nome da Instituição do qual o Programa Permanência e Êxito é desenvolvido, foi divulgado, isso porque se acredita que os benefícios serão maiores do que os riscos, como por exemplo, a reflexão, discussão e implantação de ações que assegurem a permanência e êxito dos estudantes.

Também como instrumentos de produção de dados foram analisados os documentos base do PPE, como o próprio programa e o perfil do estudante, que compõe o relatório do PPE, no ano de 2016. No programa foram analisadas as ações planejadas e no Perfil do Estudante foram analisados alguns pontos como escolaridade dos pais, renda mensal da família, histórico de reprovações anteriores, entre outros.

A partir da produção de dados realizada pelas entrevistas semi-estruturadas com os coordenadores do PPE e coordenadores dos eixos tecnológicos (APÊNDICE A), questionários com os estudantes dos cursos integrados e subsequentes (APÊNDICE B)

44

e observações, registradas no Diário de Campo (APÊNDICE C) foram realizadas as etapas da Análise de Conteúdo proposta por Bardin (2011), conforme quadro 2. Também foi utilizado o recurso da nuvem de palavras[10] como ilustração para as respostas dos estudantes sobre os sentidos que a palavra êxito despertava para eles.

Quadro 2: esquematização da análise de conteúdo

1ª Fase: Pré-análise	- análise flutuante sobre os materiais analisados; - hipóteses e objetivos
2ª Fase: Exploração do material	- codificação e categorização dos dados
3ª Fase: Tratamento dos resultados, a inferência e a interpretação	- seleção e tratamento dos resultados e interpretações; - síntese

Fonte: Adaptado Bardin (2011)

Após a primeira fase, os dados foram codificados e categorizados e, para isso, foi utilizada a análise categorial como uma técnica utilizada pela análise do conteúdo. A análise categorial compreende o agrupamento das unidades do texto por semelhança, resultando nas categorias de análise (BARDIN, 2011). A partir disso foram criadas as categorias de análise: integração dos sujeitos e ações para com o PPE; PPE relacionado à política educacional da EPT; concepções sobre o êxito, permanência e fracasso escolar; ações/concepções sobre o Trabalho Pedagógico nos cursos Integrados ao Ensino Médio e Subsequentes e relações no Trabalho Pedagógico, como ilustradas na figura 1

Figura 1: As categorias de análise relacionadas com as categorias do método

---

[10] A nuvem de palavras é um recurso utilizado para mapear as palavras que mais são utilizadas no texto. As palavras mais recorrentes ficam maiores e as menos utilizadas ficam menores.

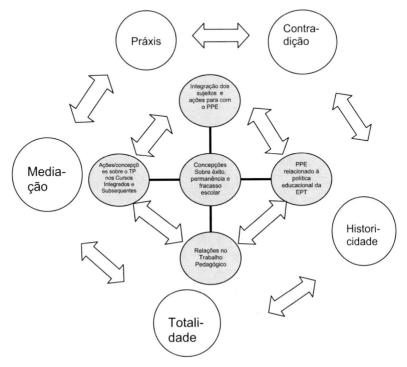

Fonte: autora

A categoria "Integração dos sujeitos e ações para com o PPE" se propõe a discutir a integração à política de inclusão dos IFs, ao processo de gestão *versus* não integrado à gestão, como somente um programa para atender; as ações desenvolvidas pelos *Campi* e a integração das ações pedagógicas após o PPE. A segunda categoria é "PPE relacionado à política educacional da EPT", nessa categoria são problematizados a questão da inclusão social, o mundo do trabalho, o perfil dos estudantes e as concepções sobre a política de EPT, bem como a formação de professores.

Na categoria "Concepções sobre o êxito, permanência e fracasso escolar são discutidas questões sobre a aprendizagem como construção entre professor e estudante, a socialização, os desafios para permanência e êxito, o fracasso de quem aprende e também de quem ensina e as notas como representantes do êxito. A categoria "Ações/concepções do Trabalho Pedagógico nos Cursos Integrados ao Ensino Médio e Subsequentes" busca discutir a questão do emprego; índices de evasão e retenção nas duas formas de ensino; o maior envolvimento dos servidores para com uma ou outra forma; dificuldades e potencialidades dos estudantes dos Cursos Integrados e Subsequentes.

A última categoria de análise do conteúdo "Relações do Trabalho Pedagógico" visa discutir a possibilidade de transformação; a formação integral; reflexões sobre o trabalho de cada um; a realidade do estudante; as relações distantes e próximas e o vínculo, essencialmente, entre professor e estudante; os encaminhamentos e as medidas educativas como a expulsão, as "ferramentas pedagógicas", como as recuperações paralelas, os conselhos de classe, as metodologias e as aulas.

As categorias de análise, assim como as categorias do método foram problematizadas durante todo o texto da dissertação. Em determinado capítulo foi abordada com maior intensidade uma ou duas das categorias de análise e em outro capítulo, outras categorias. As categorias do método atravessaram toda a análise da dissertação. Os capítulos foram organizados para desenvolver a análise dialética e histórica da realidade, assim o discurso dos sujeitos, as observações e os questionários foram problematizados juntamente com os referenciais teóricos, que orientam a pesquisa.

3 A HISTORICIDADE DAS POLÍTICAS PÚBLICAS DA EDUCAÇÃO PROFISSIONAL E TECNOLÓGICA

As políticas públicas que envolvem a Educação Profissional e Tecnológica têm sido marcadas por um dualismo de concepções. De um lado, projetos neoliberais, oriundos das transformações aceleradas na economia e no mundo do trabalho, de outro, uma perspectiva que propõe integrar ciência, cultura e o trabalho, sem que o caráter mercadológico pudesse ser determinante (MOURA, 2010). Esse dualismo marca profundamente as concepções das instituições frente à Educação Profissional e Tecnológica na atualidade, bem como as ações para permanência e êxito dos estudantes nos Institutos Federais. A partir disso, serão apresentados os principais movimentos das políticas educacionais para a Educação Profissional e Tecnológica, tendo como marco temporal de análise, as políticas de EPT a partir de 1990.

3.1 O movimento das políticas públicas educacionais para a EPT

Desde a década de 1990, têm sido editados decretos e leis, para a regulamentação da educação profissional e tecnológica, marcando o movimento pendular de políticas. A Lei de Diretrizes e Bases - n. 9.394/96 apontou algumas direções possíveis para a integração entre trabalho e educação. Já no seu primeiro artigo, indica que a educação escolar deve estar vinculada ao mundo do trabalho e à prática social.

Porém, logo após ser sancionada, em 1996, houve um decreto que separou a educação profissional da educação básica. Foi o decreto nº 2.208/97 que direcionava a educação profissional ao mercado de trabalho e a separação formal das duas modalidades de educação – educação básica e educação profissional. Neste decreto a educação profissional é vista como modalidade de educação que visa a formação técnica dos trabalhadores, entre as modalidades estavam os cursos de formação inicial, que independiam da escolaridade. O artigo n º 4 aponta com clareza essa divisão:

Art. 4 º A educação profissional de nível básico é modalidade de educação não-formal e duração variável, destinada a proporcionar ao cidadão trabalhador conhecimentos que lhe permitam reprofissionalizar-se, qualificar-se e atualizar-se para o exercício de funções demandadas pelo mundo do trabalho, compatíveis com a complexidade tecnológica do trabalho, o seu grau de conhecimento técnico e o nível de escolaridade do aluno, não estando sujeita à regulamentação curricular (BRASIL, 1997).

A concepção presente no decreto mostra que a da formação profissional está diretamente relacionada ao mercado de trabalho, como um tipo de qualificação tecnicista e fragmentária, que em determinados cursos não aliava a elevação da escolaridade juntamente com a formação técnica. Essa formação essencialmente foi, e ainda é ofertada pelo Sistema S. Para pensar o mundo do trabalho em oposição ao mercado de trabalho, Ciavatta (2012) aponta para um conceito que inclui "tanto as atividades materiais, produtivas, como os processos de criação cultural que se geram em torno da reprodução da vida" (2012, p. 92). Ou seja, o mundo do trabalho compreendido como mais complexo em comparação ao mercado do trabalho, que restringe ao produto do trabalho e ao emprego.

Grabowski e Ribeiro (2010), no artigo "Reforma, legislação e financiamento da Educação Profissional no Brasil" alertam que os defensores dessa reformulação da EPT, de maneira perversa, argumentavam que a dualidade restabeleceria a justiça social, visto que a Educação Profissional era formada em grande parte por estudantes provenientes de determinadas classes sociais e os cursos oferecidos pelo Sistema S, por trabalhadores, denunciando o dualismo e a contradição dessa política. Essa perspectiva declarava a dualidade da educação brasileira e ainda mais, demonstrava o interesse de classes antagônicas. De um lado, filhos de trabalhadores e de outro, filhos dos proprietários dos meios de produção, demarcando o dualismo das políticas educacionais.

Sobre esse dualismo ainda presente, as concepções sobre o mundo do trabalho e mercado de trabalho aparecem no registro dos questionários respondidos pelos estudantes da pesquisa. Quando perguntados sobre o que os manteriam estudando no IF Farroupilha, alguns respondem em relação ao mercado do trabalho:

*"buscar conhecimento, para chegar **preparado no mercado de trabalho**"*

(Estudante do Curso Técnico Integrado). "o IF Farroupilha tem um ótimo ensino, pois os alunos já saem **treinando para o trabalho** *e os professores são bem qualificados" (Estudante do Curso Técnico Subsequente)*

Os estudantes compreendem a educação ofertada a eles como uma expectativa para o emprego. Embora haja uma preocupação legislativa que a educação seja pelo trabalho o que se observa, ainda é a educação para o trabalho. Trabalho esse alienado, explorado e em consonância com a pedagogia das competências. O campo da EPT é um campo em disputa que reflete outros movimentos de disputa entre Capital e Trabalho, entre aqueles que compram a força de trabalho e aqueles que vendem.

Kuenzer (2002) retoma a pedagogia das competências para explicar como ela se articula dialeticamente à inclusão excludente, materializada pelas formações aligeiradas ou da "certificação vazia" e a exclusão includente, existente no mundo do trabalho. Nessa situação a educação está a serviço do capital, do qual intensifica a dualidade entre educação profissional e técnica e a educação básica e oferece ao mercado a força de trabalho qualificada, flexível e disciplinada. Como também salienta Frigotto (2012) ao tratar a educação, enquanto campo em disputa.

> É nesse embate de concepções de sociedade e trabalho que se insere a disputa pela educação como prática social mediadora do processo de produção, processo político, ideológico e cultural. De forma resumida, podemos afirmar que as reformas educacionais dos anos 1990, mormente a orientação que balizou o Decreto n. 2.208/96 e seus desdobramentos, buscam uma mediação da educação às normas formas de capital globalizado e de produção flexível. Trata-se de formar um trabalhador "cidadão produtivo", adaptado, adestrado, treinado, mesmo que sob uma ótica polivalente (FRIGOTTO, 2012, p. 73).

Nesse contexto, a práxis observada nos *campi* pesquisados denota uma dualidade de concepções sobre a Educação Profissional e Tecnológica, como discursada por um dos sujeitos.

> *Talvez o que dificulte um pouco da gente desenvolver com melhor qualidade ainda, é o entendimento das concepções de educação, da avaliação, da ideia do que é uma educação profissional e tecnológica, essas compreensões. Acho que a gente tem uma qualidade, mas temos que avançar muito ainda, em relação a isso. Até porque nós temos uma formação, ao grupo de trabalho, de servidores do instituto, tem uma formação bastante sólida, bastante qualificada. Mas acho que falta a compreensão de algumas coisas da educação, do chão*

50

da sala de aula. Acho que a gente tem essa dificuldade de entender como o aluno aprende, como a gente constrói conhecimento, como se dá essa aprendizagem. Que como ela é tecnológica, técnica, profissional, ela se dá numa orientação teórico-prático também. Acho que a gente precisa melhorar a nossa compreensão e é aí que reside a nossa lacuna, talvez, nossa dificuldade, nesse sentido. (Coordenador(a) do PPE- Campus 2)

A compreensão sobre o estudante e a aprendizagem, além das concepções de educação tecnológica, técnica e profissional são vistas como dificuldades no cotidiano dos Institutos Federais. Pela historicidade dos Institutos Federais é possível dizer que essas dificuldades, em parte, são legados de outras concepções de EPT, como o Decreto n. 2.208/97, como já descrito. É possível perceber então, o movimento contraditório. Frigotto, Ciavatta e Ramos (2012) apontam as contradições existentes nas políticas para EPT, especialmente a historicidade a partir do Decreto n. 5.154/2004.

A mudança do governo federal, com a eleição de Luiz Inácio Lula da Silva, a Educação Profissional e Tecnológica também sofreu alterações. Em 2004, foi sancionado o Decreto nº 5.154, que integra novamente a Educação Profissional e Tecnológica à Educação Básica. As premissas para a EPT são descritas no artigo nº 2

> I - organização, por áreas profissionais, em função da estrutura sócio-ocupacional e tecnológica; II - articulação de esforços das áreas da educação, do trabalho e emprego, e da ciência e tecnologia; III - a centralidade do trabalho como princípio educativo; e IV - a indissociabilidade entre teoria e prática (BRASIL, 2004).

O Decreto nº 5.154/2004 foi resultado de lutas sobre quais projetos a Educação Profissional e Tecnológica deveria ser pautada. Moura (2010) salienta que esse processo não foi homogêneo, pelo contrário, foi reflexo de disputas intensas e polêmicas, tanto que, mesmo incluindo a possibilidade da Educação Profissional ser integrada a educação básica, ainda se manteve outras duas modalidades: os cursos técnicos subsequentes e concomitantes e, posteriormente em 2011, o Pronatec[11]. Essas questões, de manutenção de modalidades do Decreto n. 2.208/1997 e a inclusão da modalidade integrada ao ensino médio, ilustram o campo em disputa que a EPT está inserida.

---

[11] O Programa Nacional de Acesso ao Ensino Técnico e Emprego (Pronatec) foi instituído pela Lei 12.513 de 26 de outubro de 2011. Maraschin (2015) retoma os sentidos da formação oferecida pelo Pronatec, enquanto uma proposta de educação de trabalhadores contrária a perspectiva de formação humana, pois são oferecidos cursos de curta duração e de forma separada da formação básica.

O processo de elaboração do Decreto n. 5.154/2004 não foi consenso, pelo contrário, as disputas teóricas e as contradições ficaram mais evidentes. A opção pela manutenção da forma de Decreto para regulamentação da EPT, embora não seja a forma mais democrática, foi a maneira encontrada para regulamentar e da mesma forma, abrir o espaço para a discussão, que não poderia ser breve (FRIGOTTO, CIAVATTA, RAMOS, 2012).

O movimento que a EPT tomou nos últimos anos e ainda com novos apontamentos[12] é compreendido desde a sua historicidade até a sua ação. Com essa análise é possível compreender que "a história nos coloca num terreno contraditório da dialética do velho e do novo de lutarmos contra a ideologia e a democracia burguesas, no espaço restrito desta democracia burguesa em que vivemos" (FRIGOTTO, CIAVATTA, RAMOS, 2012, p. 27).

Dessa maneira, o decreto de 2004 serviu como base para a promulgação de duas novas legislações, alterando ainda mais a condução da política educacional da EPT. Foram promulgadas as Leis nº 11.892/2008 e 11.741/2008 que instituíram a educação profissional e tecnológica e alteram a Lei nº 9.394/96. E, além disso, é relevante enfatizar que este momento demarca uma conquista histórica que foi a hegemonia da pedagogia crítica na produção de políticas e construção de uma nova proposta educacional pautada na educação integrada e no trabalho como princípio educativo.

Nesse movimento, foi a partir da lei nº 11.892/2008 que se criou a Rede Federal de Educação Profissional e Tecnológica, com os Institutos Federais de Educação, Ciência e Tecnologia. Nesta lei são apontados os Institutos Federais que foram criados, as normatizações, as finalidades, as características, os objetivos e a estrutura organizacional destas instituições.

[12] Um novo movimento autoritário é a Reforma do Ensino Médio proposta pelo Governo Temer. Essa política reafirmará mais uma vez a dualidade entre a educação oferecida aos trabalhadores e a educação oferecida aos proprietários dos meios de produção. A mudança no currículo acentuará ainda mais essas diferenças e fará mais uma vez da EPT uma educação aligeirada para determinadas classes sociais. Essa "solução" já foi descrita por Frigotto, Ciavatta e Ramos em 2012, quando sinalizavam outros movimentos das políticas da EPT: "sem a sociedade organizada politicamente nessa direção, a história já nos ensinou qual é o desfecho- uma solução conservadora" (FRIGOTTO, CIAVATTA e RAMOS, 2012, p. 30).

A lei nº 11.741/2008 faz a alteração na Lei de Diretrizes e Bases de 1996, na qual redimensiona, institucionaliza e integra as ações da EPT à educação de nível médio e a educação de jovens e adultos, conforme o artigo nº 39 da lei 9.394/96

> Art. 39. A educação profissional e tecnológica, no cumprimento dos objetivos da educação nacional, integra-se aos diferentes níveis e modalidades de educação e às dimensões do trabalho, da ciência e da tecnologia. (Redação dada pela Lei nº 11.741, de 2008) (BRASIL, 1996).

Os parágrafos 1º, 2º e 3º do artigo nº 39 organizam a Educação Profissional e Tecnológica, de forma que os cursos poderão ser ofertados vinculados aos eixos tecnológicos, possibilitando diferentes itinerários formativos. Os cursos ofertados poderão ser de formação inicial e continuada ou qualificação profissional, educação técnica de nível médio e educação tecnológica de graduação e pós-graduação. Sobre a educação de jovens e adultos, a alteração que a lei nº 11.741/2008 traz é que preferencialmente, deve estar vinculada à educação profissional.

Na educação profissional técnica de nível médio, a lei estabelece que os cursos possam ser articulados com o ensino médio ou subsequente, para estudantes que já concluíram o ensino médio. A educação profissional técnica de nível médio articulada, poderá ser desenvolvida na forma integrada ao ensino médio na mesma instituição de ensino ou concomitante, realizando o ensino médio e a formação técnica em instituições diferentes (BRASIL, 1996).

Como parte desse movimento, a resolução n. 6, de 20 de setembro de 2012, define as Diretrizes Curriculares Nacionais para a Educação Profissional Técnica de Nível Médio e nela constam os princípios norteadores para essa modalidade de educação, dentre eles: a formação integral, desenvolvimento para a vida social e profissional do estudante, trabalho como princípio educativo, a integração com a ciência, cultura e tecnologia, a indissociabilidade entre teoria e prática, a superação da fragmentação curricular, reconhecimento das diversidades, de gênero e étnico-raciais, a construção de itinerários formativos, a valorização da cultura e do meio ambiente e desenvolvimento dos arranjos produtivos locais. Esses são alguns dos princípios que devem orientar a prática dos profissionais da Educação Profissional e Tecnológica e é possível observar a busca pela superação da dualidade estrutural que se instalou na a

EPT.

Nesse processo, em 2014, foi aprovado o novo Plano Nacional da Educação, tendo como vigência até 2024, decretado pela Lei nº 13.005/2014. Duas metas estão diretamente relacionadas à Educação Profissional e Tecnológica, a Meta 10 e a Meta 11, conforme prevê a Lei:

> Meta 10: oferecer, no mínimo, 25% (vinte e cinco por cento) das matrículas de educação de jovens e adultos, nos ensinos fundamental e médio, na forma integrada à educação profissional. Meta 11: triplicar as matrículas da educação profissional técnica de nível médio, assegurando a qualidade da oferta e pelo menos 50% (cinquenta por cento) da expansão no segmento público (BRASIL, 2014).

As duas metas descritas mostram que a EPT é um dos focos das Políticas Públicas para os próximos anos. No que compete à Meta 10, pode ser percebido a tentativa de ampliar a integração entre a formação inicial e continuada de jovens e adultos com a educação profissional, bem como, prezar pelo acesso e permanência desse público. As estratégias prevêem que a formação básica esteja articulada com o mundo do trabalho e ainda com o contexto desses estudantes, o que seria possível mediante uma maior diversificação curricular, a criação de um programa que pudesse incorporar ações sociais, financeiras, psicopedagógicas (BRASIL, 2014).

Entre as estratégias para o cumprimento da meta 11 estão: a elevação gradual da taxa de conclusão média dos cursos técnicos de nível médio, para 90% e o aumento da relação professor aluno. Outro ponto é a busca pelo aumento nos índices de conclusão e a elevação gradual de investimentos em programas de assistência estudantil e mobilidade acadêmica. Reduzir desigualdades étnico-raciais e regionais, expandir o atendimento para populações do campo, comunidades indígenas e quilombolas, para pessoas com deficiência, transtornos globais do desenvolvimento e altas habilidades ou superdotação, apresentam uma importante estratégia para o atendimento da Meta 11.

Esse dualismo de concepções sobre a EPT, que compõe a historicidade da Rede Federal de Educação, ora está relacionado ao mercado de trabalho, ora ao mundo do

54

trabalho. Essas concepções orientam as políticas públicas educacionais e as práticas nas Instituições relacionadas à evasão e a retenção. Para compreender um dos movimentos mais recentes da EPT, se faz necessário estudar os Institutos Federais como política pública educacional que impactou a EPT no Brasil.

3.2 A constituição dos Institutos Federais de Educação, Ciência e Tecnologia

A Rede Federal de Educação Profissional e Tecnológica e a criação dos Institutos Federais de Educação, Ciência e Tecnologia foram sancionadas através da lei n. 11.892 de 29 de dezembro de 2008, como já descrito anteriormente. A Rede Federal compreende os Institutos Federais, os CEFETs de Rio de Janeiro e Minas Gerais, Escolas Técnicas vinculadas às Universidades Federais e o Colégio Pedro II.

A criação da Rede Federal possibilitou uma crescente expansão e interiorização da oferta da EPT. Como finalidades a Lei n. 11.892/2008 institui a oferta de Educação Profissional e Tecnológica, em diferentes níveis e modalidades, com ênfase no desenvolvimento socioeconômico local, regional e nacional; EPT como processo educativo para solucionar as demandas da sociedade; integração e verticalização do ensino; fortalecer os arranjos produtivos, sociais e culturais locais; constituir-se num centro especializado na oferta do ensino de ciências; desenvolvimento de programas de extensão; realização de pesquisa aplicada, produção cultural, empreendedorismo, cooperativismo, além de produzir um conhecimento voltado à preservação do meio ambiente (BRASIL, 2008).

A expansão da Rede Federal de Educação Profissional e Tecnológica foi considerável, atingindo o quantitativo de 644 unidades, no ano de 2016, conforme mostra o gráfico abaixo.

Gráfico 3- Expansão da Rede Federal de Educação Profissional e Tecnológica - Em unidades.

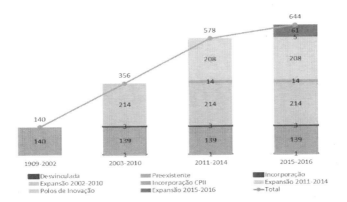

Fonte: http://redefederal.mec.gov.br/expansao-da-rede-federal

Além da oferta prioritária dos cursos técnicos integrados ao ensino médio e a oferta de curso na modalidade PROEJA[13], os objetivos dos Institutos Federais deverão ser norteados pelas atividades de extensão que articulem com o mundo do trabalho e os segmentos sociais, bem como a estimulação e apoio à emancipação do cidadão.

> O foco dos institutos federais é a promoção da justiça social, da equidade, do desenvolvimento sustentável com vistas a *inclusão social*, bem como a busca de soluções técnicas e geração de novas tecnologias. Estas instituições devem responder, de forma ágil e eficaz, às demandas crescentes por formação profissional, por difusão de conhecimentos científicos e de suporte aos arranjos produtivos locais. Os institutos federais podem atuar em todos os níveis e modalidades da educação profissional, com estreito compromisso com o desenvolvimento integral do cidadão trabalhador [...].Em especial, esse arranjo educacional abre novas perspectivas para o ensino médio-técnico, por meio de uma combinação do ensino de ciências, humanidades e educação profissional e tecnológica (VIDOR et al, 2011, grifo nosso).

Como uma forma de orientar a política que normatizou a EPT em 2008, o Ministério da Educação elaborou um documento orientador, com as concepções e diretrizes que deverão orientar a práxis dos Institutos Federais. Logo no início, o documento reforça a concepção de que essa política educacional seja realmente uma política pública.

---

[13] De acordo com a Legislação n. 11.892/2008, estes cursos deverão totalizar 50% da oferta de Educação Profissional e Tecnológica nas Instituições.

O sentido de política pública que o atual governo adota amplia de forma significativa esse conceito, ou seja, não basta a garantia de que é pública por estar vinculada ao orçamento e aos recursos de origem pública. Ainda que o financiamento da manutenção, a partir de fonte orçamentária pública, represente condição indispensável para tal, a política pública assenta-se em outros itens também obrigatórios, como *estar comprometida com o todo social, como algo que funda a igualdade na diversidade* (social, econômica, geográfica, cultural, etc.); e ainda estar articulada a outras políticas (de trabalho e renda, de desenvolvimento setorial, ambiental, social e mesmo educacional) de modo a provocar impactos nesse universo (BRASIL, 2010, p. 7, grifo nosso).

O documento na sua totalidade reforça a justiça social da qual os Institutos Federais estão incumbidos. Como reforça esse outro trecho do documento:

Mais que se definirem por instituições que ofertam a educação superior, básica e profissional, pluricurriculares e multicampi, essas instituições consolidam seu papel social visceralmente vinculado à oferta do ato educativo que elege como princípio a primazia do bem social (BRASIL, 2010, p. 18)

As questões sociais, alinhadas aos Institutos Federais, surgiram em vários momentos da pesquisa. Como no relato de um dos Coordenadores do PPE quando questionado sobre a percepção sobre a educação que é ofertada pelo IF Farroupilha:

Educação pública, universal, acolhedora, inclusiva, uma questão muito importante, é inclusiva, não somente no aspecto da inclusão que se diz das pessoas que apresentam alguma necessidade especial, mas inclusiva no aspecto social. E isso foi muito considerado nas ações que nós fizemos no PPE. **Muitas vezes a questão da falta de êxito do aluno, ela não é uma questão cognitiva, muitas vezes é uma questão social.** *Se a escola trabalhar a questão social, ela resolve a questão cognitiva. Nesse ponto que eu acho importante a existência dos IFs, os objetivos que a gente trabalha é de incluir, de acolher, de educação pública, que não coloca porta, que não coloca barreira, que está sempre receptivo (Coordenador(a) do PPE, Campus 1- grifo nosso).*

Nesse fragmento é possível perceber que a evasão e retenção são dois fenômenos que vão de encontro à política preconizada para a EPT, visto que quanto maiores forem esses índices, quanto mais pessoas não concluírem sua formação, mais os Institutos Federais estarão longe de seus objetivos. O compromisso social, ressaltado nos documentos da política que fundou os Institutos Federais e nos discursos dos entrevistados, apontam para um caminho e a práxis da política outro. Como ressaltado no Acórdão do TCU (2013) e os índices elevados, tanto de reprovação, quanto de evasão na realidade dos IFs. Outras contradições, relacionadas às Políticas dos IFs e ao cotidiano das instituições foram evidenciadas na pesquisa.

As concepções e diretrizes dos Institutos Federais apontam para ações que prezem pelo desenvolvimento local e regional nos espaços que os IFs estão inseridos.

> O diálogo vivo e próximo dos Institutos Federais com a realidade local e regional objetiva provocar um olhar mais criterioso em busca de soluções para a realidade de exclusão que ainda neste século castiga a sociedade brasileira no que se refere ao direito aos bens sociais e, em especial, à educação. No local e no regional, concentra-se o universal, pois nada no mundo seria em essência puramente local ou global. A interferência no local propicia alteração na esfera maior. Eis por que o desenvolvimento local e regional deve vir no bojo do conjunto de políticas públicas que transpassam determinada região e não como única agência desse processo de desenvolvimento (BRASIL, 2010, p. 21-22).

Nesse fragmento é possível observar a relação necessária dos Institutos Federais e a realidade local e regional, como elementos de uma realidade global. O artigo 7, da Lei 11.892/2008 trata dos objetivos dos Institutos Federais e o inciso 5º, especificamente da relação com a realidade local e regional: "estimular e apoiar processos educativos que levem à geração de trabalho e renda e à emancipação do cidadão na perspectiva do desenvolvimento socioeconômico local e regional" (BRASIL, 2008, p. 4).

A relação do IF Farroupilha e a comunidade local é observada por um dos entrevistados. Um dos sujeitos da pesquisa utiliza a metáfora de uma "redoma" para ilustrar o quanto o IF não está necessariamente inserido na comunidade do qual faz parte.

> [...] eu vejo assim, não o nosso campus, mas o próprio IF, ele se colocou dentro de redoma, ele meio que se isolou da sociedade, isso não é saudável. [...] Nós temos um bairro aqui do lado, nós conhecemos o bairro? Não. Noventa por cento dos nossos servidores só conhecem via cerca. Risos. Acho que isso é interessante. A própria ação do aluno conhecer a comunidade, conhecer a cidade, "não, mas eu realmente preciso estudar. Eu tenho que estudar. Eu estou num local privilegiado. E eu tenho que valorizar o local que eu estou." Afinal de contas, por mais que a gente fale da nossa estrutura aqui dentro, pouquíssimas instituições tem o que nós temos. (Coordenador(a) de Eixo-Campus 1).

Nesse relato é possível perceber a relação que o Coordenador faz entre a educação ofertada pelo IF e o isolamento frente ao bairro no qual o Campus está localizado. Estabelecendo uma clara contradição, pois a política compreende que é preciso "estabelecer o vínculo entre a totalidade e as partes constitui premissa fundamental para apreender os objetos em seu contexto, em sua complexidade" (BRASIL, 2010, p. 25). Essa relação com as demandas locais e regionais é também problematizada com o público que esse campus atende.

> Eu acho que quando foi criada a nossa instituição aqui, tinha um propósito que era desenvolver **os principais arranjos produtivos locais**, ela tinha um foco bastante voltado dentro do eixo de recursos naturais, do [curso] agropecuária, tanto na parte de produção, quanto de gestão. Nós tivemos sim, nós temos sim, um campus voltado à agropecuária, embora as licenciaturas estejam presentes, estejam sendo ofertadas. Mas talvez, acho que nós ainda tenhamos um público muito urbano. Nós temos a oferta de modo certa, temos um quadro de servidores bons, em todos os níveis, docentes, quanto apoio pedagógico. Nós temos uma boa estrutura funcional, mas temos uma parte do nosso público que não é atendida como deveria ser. Nós temos um público urbano, não que eles não sejam aptos a trabalhar com agropecuária. São não é? Então eu acho que nós ofertamos uma educação voltada para um público, mas o público que vem aqui dentro procurar essa educação, não é o público que deveria, necessariamente, estar aqui. (Coordenador(a) de Eixo- Campus 1, grifo nosso).

Nessa entrevista, a posição do entrevistado é que o público atendido pelo IF deva ser outro. Por isso questionam-se alguns pontos. Qual é o perfil do estudante atendido pelo IF Farroupilha? E qual é mesmo a educação a ser ofertada pelos Institutos Federais?

O documento orientador retoma a proposta pedagógica dos Institutos Federais

> Na proposta dos Institutos Federais, agregar à formação acadêmica a preparação para o trabalho (sem deixar de firmar o seu sentido ontológico) e a discussão dos princípios e tecnologias a ele concernentes, dão luz a elementos essenciais para a definição de um propósito específico para a estrutura curricular da educação profissional e tecnológica: *uma formação profissional e tecnológica contextualizada, banhada de conhecimentos, princípios e valores que potencializam a ação humana na busca de caminhos mais dignos de vida* [...] Essa proposta, além de estabelecer o diálogo entre os conhecimentos científicos, tecnológicos, sociais e humanísticos e conhecimentos e habilidades relacionadas ao trabalho de *superar o conceito da escola dual e fragmentada*, pode representar, em essência, a quebra da hierarquização de saberes e colaborar, de forma efetiva, para a educação brasileira como um todo, no desafio de construir uma nova identidade para essa última etapa da educação básica (BRASIL, 2010, p. 26- 27-grifo nosso).

Então a proposta pedagógica compreende o trabalho como princípio educativo e busca superar a dicotomia presente, não só no Ensino Médio, mas com mais intensidade nesse, por se tratar da última etapa da educação básica. Assim, a política educacional busca superar a dicotomia entre a teoria e a prática, entre a ciência e a tecnologia, dicotomia essa, já muito enraizada nos sistemas de ensino.

Pacheco (2011) no livro "Institutos Federais: uma revolução na Educação Profissional e Tecnológica" retoma os principais aspectos que devam basear a educação ofertada pelos Institutos Federais, como a preparação para o trabalho com vistas ao sentido histórico e ontológico, além de que os conteúdos possam ser contextualizados no contexto real dos estudantes.

Como parte desta totalidade, o Instituto Federal de Educação, Ciência e Tecnologia Farroupilha foi criado em 2008, através da lei de criação n° 11.892, de 29 de dezembro. Naquele período, a EPT sofria alterações importantes a nível nacional que propuseram, entre outras, a transformação dos Centros Federais de Educação Tecnológica (CEFET), Escolas Agrotécnicas e Unidades Descentralizadas em Institutos Federais. No caso do IF Farroupilha, foi integrado o CEFET de São Vicente do Sul, a Escola Agrotécnica Federal de Alegrete, a Unidade Descentralizada de Júlio de Castilhos e a Unidade Descentralizada de Santo Augusto. O IF Farroupilha, assim como os demais Institutos possuem natureza jurídica de autarquia e assim autonomia administrativa, patrimonial, financeira, didático-pedagógica e disciplinar (PDI 2014-2018).

A educação ofertada pelo IF Farroupilha é a EPT na modalidade superior, básica e profissional, pluricurricular e multicampi. De acordo com o Plano de Desenvolvimento Institucional (2014-2018), o IF Farroupilha pode ser definido como:

> [...] uma instituição de ensino pública e gratuita e, em atenção aos arranjos produtivos sociais e culturais locais, oferta cursos de formação inicial e continuada de trabalhadores, cursos técnicos de nível médio (presenciais e a distância) e cursos de graduação e pós-graduação, proporcionando a verticalização do ensino. A atuação pedagógica está voltada para a plena formação do cidadão-profissional, perpassando pela articulação do ensino-pesquisa-extensão (IF FARROUPILHA, 2014- 2018, p. 14).

O IF Farroupilha é composto de 11 unidades administrativas, divididas entre campus e campus avançado, além dos pólos de Educação a Distância e Centros de Referência. Os *campi* do Instituto localizam-se na região centro noroeste do Rio Grande do Sul, são eles: Alegrete, Jaguari, Júlio de Castilhos, Panambi, Santa Rosa, Santo

Ângelo, Santo Augusto, São Borja, São Vicente do Sul e Uruguaiana, conforme imagem do Mapa das Unidades Administrativas do IF Farroupilha (Anexo A).

A partir dessas considerações sobre os Institutos Federais é possível perceber algumas características dessa política. Uma delas refere-se à formação integrada, do qual os conhecimentos técnicos e básicos podem ser articulados em um currículo único. Outra questão é sobre a verticalização do ensino, possibilitando ao sujeito diferentes itinerários formativos. Ainda é possível observar o ideário de uma educação profissional e tecnológica voltada para o mundo do trabalho, oferecendo uma educação integral, que possibilite a inclusão social, como por exemplo, maior acesso, permanência e conclusão nos cursos ofertados pelos Institutos Federais (IF FARROUPILHA, 2014).

Com base na formação que é preconizada pelos Institutos Federais, questiona-se sobre o perfil dos estudantes do Instituto Federal Farroupilha. Toma-se como base o relatório com o perfil do estudante, realizado como uma das ações do PPE em 2015.

Na tabulação dos dados foi possível filtrar os principais pontos para análise do perfil dos estudantes dos cursos técnicos integrados e subsequentes dos Campi de Júlio de Castilhos e São Vicente do Sul. O total de questionários respondidos foi de 610, com bases nesses filtros. Para análise serão utilizados os seguintes aspectos: Trabalho; Benefícios; Ações de Permanência; Formação anterior; Escolaridade do Pai e da Mãe e a Renda Mensal per capita da Família. O gráfico 4 apresenta os dados referente aos estudantes trabalhadores.

Na análise, por se tratar, majoritariamente, de estudantes dos cursos integrados, 82,45% dos cursos integrados, entende-se que a grande maioria são estudantes adolescentes, que ainda não adentraram no mundo do trabalho. E o restante dos respondentes, 17,54% estudantes, são oriundos dos cursos subsequentes. Então, no total de 610 respondentes, 76,88% não trabalham e 23,11% estudantes trabalham e contribuem com o sustento da família e dependem dessa ou trabalha para seu próprio sustento.

Gráfico 4: Quantitativo de estudantes trabalhadores

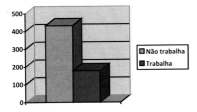

Fonte: Baseado no Perfil do Estudante (IF FARROUPILHA, 2015).

Sobre a questão dos benefícios oriundos da Assistência Estudantil, 144 estudantes responderam que utilizam o auxílio permanência, 112 o benefício da moradia Estudantil e 84 estudantes, o auxílio transporte, conforme gráfico abaixo.

Gráfico 5: Benefícios da Assistência Estudantil mencionados pelos estudantes

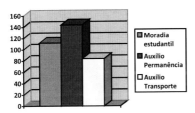

Fonte: Baseado no Perfil do Estudante (IF FARROUPILHA, 2015).

Sobre o papel da Assistência Estudantil, um dos entrevistados problematiza a questão do emprego com a permanência do estudante.

> Outra questão que também é a questão de emprego, muitas vezes a falta de emprego, "opa, eu não tenho emprego, logo eu não tenho dinheiro para ter o transporte ou a merenda". Aí que vem a questão dos programas assistenciais que eles cumprem um papel importante, mas não tem como atingir 100%. A escassez de recurso é um fator ou a pessoa não se enquadra dentro. Ali é uma questão particular. (Coordenador do PPE- Campus 1).

O campus 1 ainda não possui moradia estudantil, então muitos estudantes, principalmente dos cursos integrados, moram em pensões próximas ao Campus.

> O auxílio de passagem, quando o aluno não tem o dinheiro para custear a própria passagem, ele não vai à aula. Houve casos de alunos que eu sei, ah os pais moram no interior, o pai mora noutra cidade. Vai estudar em Julio de Castilhos, tem a pensão e tal. Pais que não conseguiram honrar os compromissos em relação ao pagamento da pensão. Até houve casos que quando a gente sabia que os alunos prestes a desistir, transferir, a gente tentava atacar e aí saber os motivos. Muitos diziam, "não tenho, questões financeiras", ah outro também que o programa, se bem que existe o CAE também, faz um trabalho muito bom nesse sentido. O CAE[14] faz um levantamento dos alunos que tem maiores carências e através do programa de bolsas, ele resolveu várias questões, até mesmo alunos que eram potenciais evadidos. (Coordenador(a) do PPE- Campus 1)

Embora os benefícios concedidos pela moradia estudantil não sejam satisfatórios eles assumem um importante papel na permanência dos estudantes, como afirma um dos entrevistados.

> A questão governamental nesse momento tem que ser encarada e tal, mas vai ter repercussão, sim. Se essas bolsas, essas auxílios, na verdade são mais auxílios e quantitativamente eles são pequenos. Vamos imaginar que uma pessoa vai ter a vida resolvida com 200 reais? Não tem como. Claro isso ameniza, atenua, agora imagina sem os 200 reais? [Riso] Bem pior. (Coordenador(a) do PPE- Campus 1).

Uma professora que também é coordenadora de um eixo tecnológico retoma a relação da assistência estudantil e a permanência, quando questionada sobre a percepção dela sobre a educação ofertada pelo IF Farroupilha.

> Eu vejo como muito boa. Porque a gente passa o ano inteiro, tentando dar o melhor para o aluno, dando o melhor para o aluno. Tanto em relação a conteúdo, quanto o psicólogo, tentando entender o que está acontecendo naquele momento. Dando todo o apoio através dos projetos, das bolsas que são ofertadas, para que ele esteja aqui. Hoje isso, eu não lembro uma instituição que oferte, a não ser o IF. Não tem uma instituição que oferte isso aos alunos, nem estadual, nem municipal. Só o IF oferece toda a infraestrutura deles estarem aqui dentro e não terem que gastar em nada. Eles têm almoço, lanche, a bolsa para ir e comprar passagem, para voltar. Eu digo para eles quando eles entram no instituto, a única preocupação deles tem que ser o estudo. Porque o resto o instituto está apoiando por trás. Como a gente diz, a gente não sabe onde vai parar a educação, mas que eles aproveitem. A gente não sabe quanto tempo vai ter, mas que a oportunidade que eles têm é única. Eu não lembro de ter tido uma oportunidade dessas, eu avalio como muito boa. E muitas ações pedagógicas, muitos conselhos, trabalho com professores, se está com dificuldade específico na disciplina, a gente vê para abrir monitoria. Então, acho que esse cuidado com relação ao aluno, a disciplina, as notas, eu não vejo igual em outra instituição. (Coordenador(a) de Eixo- Campus 1).

---

[14] CAE- Coordenação de Assistência Estudantil

Nesse relato, a professora retoma a ideia do cuidado com o estudante, como foco da assistência estudantil e da instituição como um todo. Ainda sobre o perfil do estudante do IF Farroupilha outro elemento a ser abordado são as ações de permanência, com a percepção do estudante sobre qual ele julgue ser mais importante para sua permanência.

Gráfico 6: Quantitativo sobre a percepção dos estudantes em relação as ações de permanência.

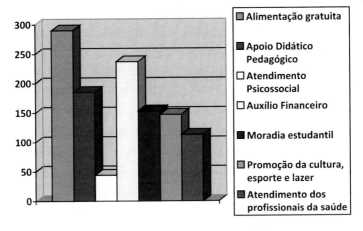

Fonte: Baseado no Perfil do Estudante (IF FARROUPILHA, 2015).

Sobre a formação anterior, 93,17% dos respondentes realizaram sua formação em escola pública integralmente ou na maior parte do tempo. Apenas 6,7% estudantes estudaram em escola particular e 0,13% estudantes com formação anterior em escola privada, com bolsa. Então, a grande maioria dos estudantes dos cursos integrados e subsequentes dos campi pesquisados são estudantes com formação anterior em escola pública. A escolaridade dos membros da família também compõe o perfil do estudante.

Gráfico 7: Escolaridade dos pais

64

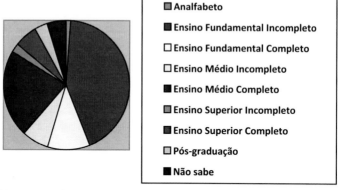

Fonte: Baseado no Perfil do Estudante (IF FARROUPILHA, 2015).
Gráfico 8: Escolaridade das mães

Fonte: Baseado no Perfil do Estudante (IF FARROUPILHA, 2015).

A partir dos gráficos é possível perceber que a grande maioria dos pais e mães dos estudantes da pesquisa são pessoas com ensino fundamental incompleto, confirmando que a Política dos IFs contribui para o acesso da classe trabalhadora à educação.

Sobre a renda mensal per capita da família, a maioria das famílias, 58,36%, recebe entre menos de 0,5 até 1,5 salários per capita. Os 30,16% são de estudantes oriundos de famílias com renda mensal de 1,5 até três salários per capita e os 11,47%

são de famílias com renda maior que três salários mínimos per capita (IF FARROUPILHA, 2016).

Com essas informações é possível mapear um perfil do estudante dos Cursos Integrados e Subsequentes, nos *campi* Júlio de Castilhos e São Vicente do Sul. Majoritariamente, com 70%, os alunos desse público, não trabalham e 94% são estudantes que estudaram integralmente ou em grande parte em escolas públicas. Os 42% dos pais e 33,7% das mães não concluíram nem sequer o ensino fundamental e ainda 58,36% das famílias recebem menos de 0,5 até 1,5 salários por pessoa. O auxílio permanência foi o benefício que os estudantes mais mencionaram receber. Com base nesses elementos, é possível dizer que a maioria dos estudantes atendidos é da classe trabalhadora.

Assim, uma educação básica e profissional, na perspectiva do trabalho como princípio educativo, princípio esse, ético-político (FRIGOTTO, 2012) e que permitisse o acesso da classe trabalhadora à educação, ganhou destaque a partir do Governo Lula. A compreensão de uma nova estrutura de educação profissional para o país, parte da construção de uma política educacional que pudesse mudar os rumos das medidas adotadas pelo governo de Fernando Henrique Cardoso (ORTIGARA e GANZELI, 2013). Vale lembrar que a concepção da educação profissional do Governo FHC e que é retomada com grande intensidade pelo Governo de Temer, em 2016, é uma educação focada no Capital Humano[15] e na pedagogia das competências[16] indo de encontro à educação básica, com o foco na formação integral e humanística (FRIGOTTO, 2012).

---

[15] A Teoria do Capital Humano compreende a educação como a grande propulsora da economia, pois através dessa, aumentaria as taxas de lucros do capital (MINTO, 2006). Minto (2006) define a Teoria do Capital Humano, no Glossário HISTEDBR: "Sob a predominância desta visão tecnicista, passou-se a disseminar a ideia de que a educação é o pressuposto do desenvolvimento econômico, bem como do desenvolvimento do indivíduo, que, ao educar-se, estaria "valorizando" a si próprio, na mesma lógica em que se valoriza o capital".

[16] A Pedagogia das Competências na Educação Profissional foi discutida por Ramos (2012) quando aborda o currículo integrado. Diz ela: "a função da escola estaria em proporcionar aos educandos o desenvolvimento de competências genéricas e flexíveis adaptáveis à instabilidade da vida, e não mais o acesso aos conhecimentos sistematizados. No caso da formação profissional, não seria a fundamentação científica das atividades profissionais o mais importante, e sim o desenvolvimento de competências adequadas à operação de processos automatizados, que requerem pouco do conhecimento especializado do trabalhador e mais uma capacidade de agir diante dos imprevistos (RAMOS, 2012, p. 113)".

A concepção da educação profissional que funda os Institutos Federais faz parte de um "projeto de desenvolvimento com justiça social e efetiva igualdade, e consequentemente uma democracia e cidadania substantivas, de forma que, ao mesmo tempo, responda aos imperativos das novas bases técnicas da produção, preparando para o trabalho complexo" (FRIGOTTO, 2012). Ou seja, uma concepção de EPT capaz de promover uma educação pelo trabalho.

Assim, embora os avanços tenham sido em grandes proporções, tanto em nível de aumento do público atendido, quanto em concepção da EPT, ainda se manteve duas modalidades que reafirmam a dualidade presente no sistema educacional brasileiro, como salienta Ortigara e Ganzeli, ao discutir as mudanças e possibilidades dos Institutos Federais, referindo-se aos cursos subsequentes e concomitantes

> No entanto, no Decreto n. 5.154/2004 manteve as possibilidades de segmentação, como a organização dos currículos em módulos com saídas intermediárias, que possibilitam a obtenção de certificados de qualificação para o trabalho, sendo isso uma característica da educação profissional voltada aos interesses da forma capitalista da produção (ORTIGARA e GANZELI, 2013, p. 269).

Essa manutenção ilustra o campo em disputa do qual a EPT foi colocada. E embora os avanços sejam consideráveis, é preciso fazer a crítica sobre a política educacional que deu origem aos Institutos Federais. Sobre isso, Amorim (2013) na sua Tese, com o tema da Institucionalidade dos Institutos Federais, apresenta algumas contradições, tendo como base o documento orientador apresentado pelo Ministério da Educação, já discutido anteriormente.

Inicialmente a autora já discute a semelhança dos discursos, de um lado "o foco dos Institutos Federais será a justiça social, a equidade, a competitividade econômica e a geração de novas tecnologias de forma ágil e eficaz. Responderão às demandas crescentes por formação profissional, por difusão de conhecimentos científicos e tecnológicos e de suporte aos arranjos produtivos locais" (BRASIL, 2010, p,3) e de outro a perspectiva às orientações do Banco Mundial. De forma explícita, Amorim (2013) reafirma a "nova Institucionalidade" proposta pelos Institutos Federais.

> O que se pode aditar, acerca do conjunto de orientações apresentadas no documento, é que elas convergem para um ponto: um discurso que insistentemente afirma o compromisso com a transformação social como

justificativa para criação de uma "nova institucionalidade". Embora o documento apresente certo "tom" de compromisso com a transformação social, a criação dos tão proclamados institutos, ao que se afigura, não representa uma proposta para superação do dualismo que caracteriza o nosso sistema escolar, mas para consolidação do mesmo. Reitera-se uma tendência, já anunciada, de que as instituições destinadas à educação profissional constituam uma rede própria, paralela ao sistema regular de ensino (AMORIM, 2013, p. 102-103).

A crítica que Amorim (2013) realiza é bastante incisiva e o intuito de trazê-la para o texto é apresentar uma concepção sobre a criação dos Institutos Federais, com o intuito de desvelar alguns discursos presentes na referida política educacional. No relato da autora é possível perceber que as políticas públicas educacionais refletem um movimento pendular, conforme discutido no tópico anterior, visto que a consciência de classe é o que permite fazer a crítica e compreender a relação intrínseca entre o capitalismo e a educação. Ora como possibilidade de superação, ora como manutenção[17].

Outro ponto a ser discutido, como elemento da categoria de análise PPE relacionado à política educacional da EPT é a formação de professores. A formação de professores é apontada principalmente no que se refere ao trabalho com os cursos integrados e as concepções sobre a EPT.

Sobre as divergentes concepções sobre a Educação Profissional e Tecnológica e as relações com o Programa Permanência e Êxito, um participante da pesquisa afirma.

> Muitos desafios e dificuldades, no meu entendimento é fruto da formação docente, **preocupados com a sua área e não na formação integral**, a identidade com o IFFar, professores novos, mudanças seguidas de PPCs. Para melhorar muita formação e comprometimento (Coordenador(a) de Eixo-Campus 2).

Umas das ações previstas no Programa Permanência e Êxito é a efetivação do currículo integrado ou das áreas de integração para os outros cursos (IF FARROUPILHA, 2014). Machado (2010) afirma que a efetivação do currículo integrado é a possibilidade para que os educadores superem o projeto técnico-operacional que é endereçado aos cursos técnicos. É necessário buscar outras formas de acessar o

---

[17] O papel das Políticas Educacionais é discutido com maior ênfase no Capítulo 4, quando é tratado o Programa Permanência e Êxito.

conhecimento, que não seja pela dualidade entre teoria e prática, conhecimento técnico e científico. Machado (2010) faz referência ao papel do professor nesse processo.

> O aproveitamento dessas oportunidades, contudo, depende do aumento da interação entre docentes vindos de experiências diferentes, da evolução do trabalho cooperativo, do desenvolvimento de capacidades de todos os professores e alunos de trabalhar em equipe, tendo em vista a construção de processos de ensino-aprendizagem significativos (MACHADO, 2010, p. 83).

A formação inicial de professores para atuar na Educação Profissional e Tecnológica também foi apontada, bem como a Institucionalidade dos Institutos Federais.

> *Até porque, às vezes, dependendo da formação que temos, a gente não se vê como educador, mas se vê como técnico nessa instituição de educação. Uma melhor compreensão dessa instituição de Educação, tem que ser melhor pensada, que estamos formando pessoas que precisam dessa garantia de aprendizagem, de sair daqui sabendo e ter uma boa formação. Então eu entendo isso, que a gente tem qualidade sim, se a gente for fazer uma pesquisa com os nossos egressos, a gente vê que eles estão aí inseridos no mundo do trabalho, inseridos em várias áreas, em várias frentes, mostrando que a gente ofereceu uma boa formação, mas eu entendo que ainda há uma dificuldade de compreender essa instituição, essa institucionalidade que a gente vive, porque a gente tem uma diversidade muito grande de formação. E que a maioria dos servidores que trabalham aqui, eles primeiro tem uma formação técnica, e depois em raros momentos, a não ser aqueles que depois iniciaram um curso de licenciatura, mas uma grande maioria tem uma formação inicial técnica e não como docente. Isso veio depois, então é uma construção que a gente tem que fazer, então talvez demore um pouco. (Coordenador(a) do PPE- Campus 2).*

O caminho de identificações com a Institucionalidade dos IFES, assim como o trabalho pedagógico na EPT é um caminho de oportunidades e é também marcado por dificuldades na EPT, que demonstram o movimento dialético, de avanços e retrocessos. Pena (2011) na sua pesquisa, já marca um campo de pesquisa que revela a escassez de formação de professores para a EPT e quando ela existe, mostra-se muitas vezes precária e emergencial que ocorre nos cursos especiais de formação pedagógica.

Machado (2008) faz referência à necessidade de uma política definida para a formação de professores que busque a superação do enfraquecimento prático e teórico em relação aos aspectos pedagógicos e didáticos deste campo.

Ainda em relação às políticas para a formação de professores para a EPT, em 2015 foi aprovada as Diretrizes Curriculares Nacionais para a formação inicial em nível superior (cursos de licenciatura, cursos de formação pedagógica para graduados e cursos de segunda licenciatura) e para a formação continuada, promulgada pela resolução n. 2, de 1º Julho de 2015. As novas diretrizes são um marco para a formação de professores, porém ainda são necessários avanços em termos práxicos.

A partir da historicidade da Educação Profissional e Tecnológica, as concepções sobre os Institutos Federais relacionados com a permanência e o êxito dos estudantes possibilitam adentrar com maior ênfase na realidade do IF Farroupilha e nos movimentos produzidos pela construção do Programa Permanência e Êxito.

4 POLÍTICA INSTITUCIONAL DO IF FARROUPILHA: O MOVIMENTO DO FRACASSO ESCOLAR, DA PERMANÊNCIA E DO ÊXITO

Com base no histórico e da historicidade da Educação Profissional e Tecnológica e suas mediações, busca-se compreender o abandono escolar nessa modalidade educacional. Assim, essa seção apresentará alguns pressupostos teóricos que orientam o estudo sobre a evasão e retenção no âmbito da Educação Profissional e Tecnológica, juntamente com o desenvolvimento do PPE no IF Farroupilha, as concepções sobre permanência e êxito e as causas e fatores para evasão e retenção.

4.1 O Desenvolvimento do Programa Permanência e Êxito no IF Farroupilha

É consenso que as taxas de conclusão serão maiores na medida em que as taxas de evasão e retenção forem ainda mais baixas. Nesse sentido, que ainda em 2013, o Tribunal de Contas da União elaborou uma auditoria que resultou no Acórdão nº 506/2013 do qual apontou a evasão na Educação Profissional e Tecnológica um importante fator de entrave do crescimento dessa rede. Essa auditoria, dentre outros aspectos, buscou apontar as causas da evasão, visto que é a base para a construção de políticas capazes de diminuir a incidência do problema. Como é descrito

> Pela diversidade de fatores que afetam a evasão, pode-se inferir que desenhar políticas ou estratégias de combate à evasão nos Institutos Federais constitui-se em uma tarefa complexa. Primeiramente, é preciso levar em conta que os Institutos Federais ofertam cursos para públicos bastante heterogêneos em termos acadêmicos e sociais. Essas diferenças fazem com que políticas específicas devam ser elaboradas para cada segmento (BRASIL, 2013).

O Acórdão ainda identificou medidas que poderiam ser utilizadas para diminuir os índices de evasão, classificou-as em duas categorias, a do processo de diagnóstico e de intervenções para os alunos identificados como propensos a evadir. Nos *campi* visitados pelos auditores foi observado que geralmente há um processo de diagnóstico, porém "em nenhum dos estados visitados durante os trabalhos de campo foram encontrados estudos realizados por parte dos Institutos que identificassem as causas de evasão e os efeitos das medidas de combate adotadas" (BRASIL, 2013).

A partir disso, a Secretaria de Educação Profissional e Tecnológica (SETEC) constituiu grupos de trabalhos, nomeados pela portaria nº 39, de 22 de novembro de 2013 para o desenvolvimento do Documento Orientador para a Superação da Evasão e Retenção na Rede Federal de Educação Profissional e Tecnológica. Do qual aponta ações que podem ser implementadas pelos Institutos Federais. Esse documento tem como propósito balizar o planejamento das ações na Rede Federal, como segue:

> Assim, esse Documento tem o propósito de orientar o desenvolvimento de ações capazes de ampliar as possibilidades de permanência e êxito dos estudantes no processo formativo oferecido pelas instituições da Rede Federal, respeitadas as especificidades de cada região e território de atuação. Assim, oferecem-se subsídios para a criação de planos estratégicos institucionais que contemplem o diagnóstico das causas de evasão e retenção e a implementação de políticas e ações administrativas e pedagógicas de modo a ampliar as possibilidades de permanência e êxito dos estudantes no processo educativo (BRASIL, 2014, p. 3)

O Documento é composto por um breve histórico e caracterização da Rede Federal, com o demonstrativo das Instituições, o processo de expansão e as finalidades da Rede, a complexidade e diversidade da oferta educacional. São apresentadas também as bases conceituais sobre a evasão e retenção, apresentando pesquisas nacionais e internacionais e experiências na Rede Federal, bem como os indicadores de evasão, retenção e conclusão (BRASIL, 2014).

Algumas pesquisas desenvolvidas em Universidades e Institutos Federais são destacadas no Documento Orientador (2014). É possível compilar os objetivos dessas pesquisas realizadas, em três segmentos: 1) Diagnóstico: mapear as causas e motivos da evasão; 2) Intervenção: propor ações de redução das taxas de evasão; 3) Acompanhamento: monitorar os índices de evasão. Já as causas destacadas são:

> [...] acesso às instituições; dificuldades de relacionamento do estudante (seja com professores, diretores e colegas de sala); condição e fatores socioeconômicos; frustração de expectativas em relação ao curso; fatores intra escolares (currículo, horários e carga horária dos cursos); motivação, interesse ou compromisso com o curso; inserção do estudante no mundo produtivo, em

particular a necessidade de trabalhar; modelo de ensino escolar e suas valorações; problemas de aprendizagem ou dificuldades nas disciplinas; repetência ou desempenho acadêmico insuficiente; distância entre o currículo teórico do curso técnico e o conhecimento prático requerido na vida real; inadequação dos programas de estágio; práticas pedagógicas; perfil do corpo docente; excesso de matérias/disciplinas por período do curso; exigência dos professores; características estruturais da escola; enfraquecimento dos vínculos com a escola; comportamento e atitudes do estudante perante a vida escolar; formação precária no ensino fundamental e/ou médio; e resistência às leis da educação profissional e às perspectivas de seus alunos (BRASIL, 2014).

As pesquisas e estudos sobre as causas da evasão serviram de base para que as Instituições desenvolvessem um plano de intervenção, com base nos diagnósticos quantitativos e qualitativos. A partir dessa análise é possível conhecer os fatores individuais, sociais, econômicos, culturais e acadêmicos que levam ao abandono ou à permanência desses estudantes (BRASIL, 2014)

Como último elemento, o Documento Orientador apresenta a proposta de elaboração de um Plano Estratégico de Monitoramento e Intervenção da Evasão e da Retenção. O plano deve abarcar um rol de ações que visem à identificação precoce dos problemas e a adoção de medidas pedagógicas e institucionais para minimizar o problema. Composto por quatro fases, o plano é formado primeiramente pela instituição de comissão interna, após, pela elaboração de diagnóstico quantitativo e qualitativo e por fim, pela consolidação do plano institucional (BRASIL, 2014).

A primeira fase destacada é o momento da constituição de uma comissão interna com gestores sistêmicos de ensino e de assistência estudantil, coordenadores de curso e equipe técnico-pedagógica e de assistência estudantil. A comissão foi responsável por coordenar as discussões e elaborar o plano de intervenção. A segunda fase foi a elaboração do diagnóstico quantitativo com base nos dados do SISTEC e/ou sistema de gestão acadêmica. A partir disso, foram identificados os cursos com índices superiores a 15% de evasão e/ou retenção (BRASIL, 2014).

A última fase era a elaboração do diagnóstico qualitativo. Para essa etapa é fundamental a participação da comunidade acadêmica, a fim de oportunizar o envolvimento de todos. Os coordenadores dos cursos com índices acima de 15%, juntamente com um membro da comissão deveriam organizar e realizar reuniões pedagógicas por segmentos e reunião diagnóstica coletiva com representantes de cada segmento. E por fim, a comissão foi incumbida de elaborar o Plano Estratégico de Intervenção e Monitoramento para Superação da Evasão e Retenção, devendo esse ser submetido ao Conselho Superior da instituição (BRASIL, 2014).

Esse documento deveria, então, servir como orientador na condução das políticas institucionais para permanência e êxito nos Institutos Federais. Com base nisso, um grupo de servidores iniciou as discussões sobre a implantação de um programa no IF Farroupilha. Em 2014 foi criada a comissão[18] multiprofissional e de diferentes *campi* para criação do Programa, com uma breve retomada teórica sobre a problemática e o planejamento de ações institucionais para a melhoria dos índices de evasão e retenção. Foram necessários seis meses para que o Programa Permanência e Êxito (PPE) pudesse ser construído e aprovado pelas instâncias superiores, o Colegiado de Dirigentes (CODIR) e o Conselho Superior (CONSUP).

Em anexo ao PPE consta o rol de ações (ANEXO B), descritas conforme os fatores individuais ou internos e externos à instituição. Para um ou mais fatores são apresentadas as estratégias e ações para a superação das causas descritas. Cada *campus* do Instituto mapeou uma ou duas ações em cada um dos fatores, para que pudessem ser colocadas como prioridades dependendo da realidade de cada *campus*. Para o planejamento dessas ações não foi realizado um diagnóstico quantitativo e nem qualitativo sobre a evasão e retenção nos *campi*. O planejamento deu-se a partir de pesquisas anteriores na Rede Federal e das observações dos membros da comissão em seus contextos[19].

---

[18] Comissão nomeada pela portaria nº 1683, de 28 de agosto de 2014 do Instituto Federal Farroupilha. Após o Acórdão do TCU, a SETEC, em 2014, instituiu o Grupo de Trabalho- GT, por meio da Portaria n. 39 de 22 de novembro de 2013. O GT teria como objetivo a elaboração de um relatório com os índices de evasão, retenção e conclusão para as diferentes modalidades de cursos e elaborar um manual de orientação para o combate à evasão. O Documento Orientador para a Superação da Evasão e Retenção na Rede Federal de Educação Profissional e Tecnológica foi finalizado em 2014 e somente em 2015, através do Ofício Circular n. 77/2015/CGPG/DDR/SETEC/MEC e Nota Informativa n. 138/2015/DPE/DDR/SETEC/MEC, a SETEC solicita o diagnóstico quantitativo e qualitativo da evasão e retenção de cada instituição e o envio de um Plano Estratégico de Ações de Permanência e Êxito dos Estudantes. Por isso, vale registrar que o IF Farroupilha criou o PPE em 2014, antes desta última solicitação da SETEC/MEC, porém naquele momento não foi realizado o diagnóstico qualitativo e quantitativo da evasão e da retenção, sendo feito somente após o pedido da SETEC.
[19] A decisão de não iniciar pelo diagnóstico quantitativo e qualitativo foi da própria comissão, pois se julgou que as causas da evasão e retenção não fossem tão diferentes das pesquisas anteriores em outros Institutos e Universidades Federais e por contar com a própria observação e análise dos membros

O PPE no IF Farroupilha foi construído com o objetivo de consolidar a oferta da educação profissional e tecnológica de qualidade e promover ações para a permanência e êxito dos estudantes. Entre outros objetivos apontados foram: socializar as causas da evasão e retenção no âmbito da Rede Federal; propor e assessorar o desenvolvimento de ações específicas que minimizem a influência dos fatores responsáveis pelo processo de evasão e retenção, categorizados como individuais ao estudante, internos e externos à instituição. Além disso, o PPE busca instigar o sentimento de pertencimento ao IF Farroupilha, consolidar a identidade institucional e atuar de forma preventiva nas causas de evasão e retenção (IF FARROUPILHA, 2014).

Por compreender o PPE enquanto uma política educacional que faz a mediação entre o universal e o particular é possível analisá-la a partir do movimento do qual a educação se utiliza de diferentes práticas, normas, leis que legitimam e legalizam o seu papel na sociedade. No caso desta pesquisa, o papel da política institucional, PPE é de diminuir os índices de evasão e retenção no IF Farroupilha. É partir da análise das políticas públicas educacionais que é possível compreender a lógica de produção adotada pelo Estado, sob qual projeto as políticas serão orientadas e conduzidas (TORRIGLIA e ORTIGARA, 2014).

Nesse sentido, também aborda Holfing (2001) sobre a concepção de fracasso e sucesso de uma política pública educacional. É incluída, na análise das políticas públicas, a noção cultural, na qual cada grupo social organiza historicamente suas concepções, representações, aceitação ou rejeição dessas políticas.

Boneti (2006) reforça a compreensão, de que desde a concepção das políticas educacionais há uma correlação de forças entre diferentes classes sociais.

> Não é possível se construir uma análise da complexidade que envolve a elaboração e a operacionalização das políticas públicas sem se levar em consideração a existência da relação intrínseca entre o Estado e as classes sociais, em particular entre o Estado e a classe dominante (BONETI, 2006, p. 13).

Assim é preciso compreender a totalidade que envolve o planejamento, a implantação e a operacionalização das políticas. Nesta pesquisa, especialmente, a

---

da comissão, sobre os contextos do Instituto e as possíveis causas desses problemas.

política de Educação Profissional e Tecnológica e o Programa de Permanência e Êxito. As concepções sobre a EPT e o PPE orientarão a prática dos sujeitos e por essa razão faz-se necessário compreender como os sujeitos interpretam e desenvolvem essas políticas.

Obviamente, nessa correlação de forças existe um direcionamento para os interesses das elites econômicas, nacionais e internacionais e assim as políticas públicas tornam-se instrumentos de interesse econômicos, próprios do sistema de produção capitalista (BONETI, 2006). Ainda sobre essa correlação de forças no desenvolvimento das políticas públicas, Boneti (2006) acrescenta:

> Fica claro, portanto, que as elites globais e as classes dominantes nacionais se constituem de agentes dominantes na elaboração e implementação das políticas públicas, mas não são únicos. A pluralidade política dos dias atuais faz com que agentes outros originados na organização da sociedade civil, como são as ONGs, os movimentos sociais, etc., se constituem em novos agentes confrontantes com os projetos das elites e classes dominantes (BONETI, 2006, p. 16).

É necessário partir do olhar sobre a totalidade em que as políticas educacionais se inserem, ou seja, a relação dialética dos meios de produção e a concepção de mundo do trabalho, por isso nesta pesquisa, a mediação foi a partir do Programa Permanência e Êxito. A mediação é a categoria que permite buscar as determinações mais elementares que estão expressas na totalidade (KUENZER, 2012). Assim ao analisar o PPE, a categoria mediadora da totalidade será impregnada de várias determinações, como algumas já discutidas anteriormente.

Ciavatta (2009) também compreende a categoria mediação como aquela capaz de possibilitar ao pesquisador "captar os elementos mais concretos, as objetivações reais que explicam essa totalidade não como noção genérica, mas como conteúdo de natureza histórico-social" (CIAVATTA, 2009, p. 134). A partir disso, esta pesquisa tomará como mediação o Programa Permanência e Êxito.

Sobre o desenvolvimento das ações do PPE, é possível problematizar alguns pontos a partir da análise das entrevistas e observações que serão discutidas no intuito de compor o desenvolvimento dessa política e os desdobramentos que acontecem a partir do PPE. Para isso, inicialmente, será discutida a categoria "a integração dos sujeitos e das ações para com o PPE".

77

A partir da análise sobre o envolvimento dos sujeitos para com o PPE foi possível considerar, pelas entrevistas e questionários aos estudantes que há percepções que refletem o movimento que gerou a partir da criação do PPE, como a oportunidade dos docentes olharem para o trabalho que realizam.

> Eu acredito que embora esse programa tenha sido criado por uma decisão, lá, em relação à análise do TCU sobre os institutos, tentando ver como os Institutos estavam trabalhando em nível de Brasil, eu acho que ele tem uma importância muito grande. Primeiro porque mobilizou os campi, os Institutos, a gente começou a olhar para a gente mesmo e começou a pegar os dados e analisar. Embora os Institutos tenham sido criados há pouco, o nosso campus vai fazer 62 anos agora, mas como Instituto, é novo. Embora tenha uma história, enquanto Instituto, oferta de educação, cursos integrados, cursos superiores, subsequentes, pós-graduação é uma construção nova. Então eu vejo que o programa também foi criado para a gente também, claro que não foi com esse objetivo que ele foi criado, **mas oportunizou que a gente conseguisse olhar para o nosso trabalho,** que víssemos onde estamos falhando, para a gente qualificar. Então ele é importante, ele mobilizou, mobilizou os vários setores, mobilizou várias pessoas, pois tiveram que olhar para suas turmas, seus alunos, para o grupo de professores, para fazermos essa análise e criar ações a partir disso ou pelo menos sistematizar ações que já estavam acontecendo, mas estavam acontecendo de forma aleatória, então acho que ele consegue dar uma organizada e sistematizar essas ações (Coordenador(a) PPE- Campus 2, grifo nosso).

Dessa forma, ao olhar para o trabalho, por outro relato, na força de uma exigência a instituição passa a se preocupar com seus estudantes e por consequência, com o ingresso, a permanência e a conclusão. E a evasão passou a ser olhada por todos.

> Não lembro o ano que foi criado ou se sempre teve específico no instituto. Mas sei que o trabalho se intensificou nesses últimos anos. Porque notamos que estava havendo uma evasão muito grande. O porquê da evasão? A gente consegue explicar o porquê da evasão: a gente recebe alunos do fundamental, muito fracos, não conseguem acompanhar. Por isso as monitorias foram implantadas. Dentro do próprio projeto pedagógico já existe os nivelamentos, mas existem aqueles alunos que realmente não conseguem acompanhar, que têm uma dificuldade muito grande. E a gente esta tentando fazer o quê? Rever. Como poder auxiliar melhor esse aluno e acho que esse programa traz isso. As reuniões foram montadas ou relatórios começaram a ser apresentados, onde está o problema. Até esse relatório que nos trouxe o perfil dos pais e de alunos, nos deu uma noção maior de quem a gente está trabalhando. Qual o nosso foco, o foco do IF e isso esta ajudando, sim. Estamos tentando, buscando alternativas para minimizar o que está acontecendo. Mas só conseguimos trabalhar com foco através das pesquisas que estão acontecendo. Perguntamos até na última reunião que tivemos, "onde foi que a gente errou?, onde que a gente erra?" Mas estamos tentando achar, não tem a saída mágica.

Não sei se ela existe. [...] eu acho que o PPE sempre existiu. Só não com esse nome. E nunca com a ênfase que está sendo dada hoje. (Coordenador(a) do Eixo- Campus 1- grifo nosso).

Esses dois relatos mostram um ponto em comum. Ambos reforçam que foi a partir do PPE, que a proposição da reflexão sobre o papel dos Institutos Federais foi ampliada e que o PPE surge como um propulsor para a práxis no sentido da permanência e êxito dos estudantes. Outra concepção sobre a criação do programa possibilita nesse percurso dialético, compreender que ainda o PPE não está intimamente integrado ao cotidiano da instituição, como reforçam esses dois entrevistados.

O programa é visto como um programa e não como parte integrante do desenvolvimento da escola. (Coordenador(a) do Eixo do Eixo de Gestão e Negócios- Campus 2).
*Claro que fizemos o trabalho durante todo o ano e por vezes esse trabalho sofria com o problema de continuidade. Porque é muito difícil, por exemplo, assim, o ano letivo já organizado, o aluno já tomado por muitas outras atividades, os profissionais também, os docentes, os técnicos, a psicóloga, todos, a assistente social, é difícil fazer esse trabalho, **porque não tem uma equipe que tenha dedicação exclusiva para fazer isso,** por exemplo, a questão da nossa psicóloga, que atua e ajudou muito, ela não tem somente o programa para atender. (Coordenador(a) do PPE- Campus 1, grifo nosso).*

Esse movimento não é linear, pelo contrário, ele é parte do real e como tal, é dialético e histórico. Num momento, nessas entrevistas aparecem o caráter pragmático, como o relatório do Tribunal de Contas da União, as monitorias e nivelamentos, noutro, a possibilidade da reflexão sobre a educação que é ofertada, sujeitos que são parte dessa instituição, etc. Reflete também como o TP é desenvolvido, ora de forma Crítica, ora de forma Ingênua (MARASCHIN, 2015).

Como justificativa, o PPE traz o cumprimento da meta institucional prevista no Plano de Desenvolvimento Institucional (PDI 2014-2018) e ainda os compromissos assinados pelos Institutos Federais e o MEC e o Acórdão do TCU n 506/2013. Além disso, a construção do programa também faz referência à responsabilidade social que os Institutos Federais são incumbidos e à necessidade de que cada instituição elabore um Plano Institucional de Monitoramento e Intervenção para a Superação da Evasão e Retenção (IF FARROUPILHA, 2014).

Em relação à missão dos Institutos Federais, como já discutido no capítulo 2, a educação a ser ofertada pelos IFs tem como foco a "justiça social, a equidade, a competitividade econômica e a geração de novas tecnologias". E ainda sobre o currículo, especialmente a possibilidade dos Cursos Técnicos Integrados ao Ensino Médio: "Os novos Institutos Federais atuarão em todos os níveis e modalidades da educação profissional, com estreito compromisso com o desenvolvimento integral do cidadão trabalhador" (BRASIL,2010 p.3). Ou seja, o compromisso com a diminuição das desigualdades é um dos pilares dos Institutos Federais.

Como se trata da realidade concreta, a contradição entre a política educacional, tanto no que confere aos Institutos Federais, como o Programa Permanência e Êxito, encontra no cotidiano dos sujeitos muitos entraves, que vão de encontro à diminuição das desigualdades sociais. Dois exemplos são a evasão e a retenção.

A prerrogativa é de que quanto mais evasão e retenção os Institutos Federais tiverem, maior será o distanciamento do seu compromisso social. Isso é ilustrado pelos índices que compõem o diagnóstico feito pela comissão do PPE. No diagnóstico foram utilizados os dados globais apontados no relatório produzido pelo TCU e os índices levantados no Relatório de Gestão 2009-2013. Ambos trazem dados preocupantes sobre os índices da evasão e retenção, bem como, o baixo índice de eficiência, de apenas 50%, ou seja, apenas metade dos alunos que ingressam na instituição concluem o curso no tempo previsto nos PPCs. Embora, não justifique por completo os problemáticos índices, o PPE faz uma análise sobre as inconsistências desses números, como alteração no calendário escolar em razão da greve no ano de 2012.

A integração das ações do programa e dos sujeitos envolvidos com a Educação Profissional e Tecnológica dos estudantes também é um elemento para análise dessa política institucional. A comunicação sobre as ações, sobre o que é o PPE, qual a finalidade, etc. não acontece para todos os segmentos da comunidade acadêmica. No questionário realizado com os estudantes dos cursos técnicos integrados e subsequentes, dos 66 estudantes que responderam à pesquisa, apenas 14 conheciam o PPE. Ou seja, a criação e o desenvolvimento partiu da gestão e ainda não atingiu - a nível de comunicação e discussão - os estudantes.   Em uma das reuniões com a assessoria pedagógica e os coordenadores de eixo e curso, um dos membros da assessoria retoma como os sujeitos estão envolvidos nesse processo.

> *A coordenadora geral de ensino fala sobre as três instâncias do Programa Permanência e Êxito: os servidores, os professores e os alunos. A coordenadora geral de ensino propõe reuniões dos coordenadores com os professores do eixo. Reforça a ideia do coletivo, do comprometimento de todos com a instituição. Outros integrantes afirmam a falta de comprometimento do coletivo com a instituição, com a falta de disciplina institucional (Diário de Campo 21/11/16- Campus 1).*

É possível perceber a contradição, ou seja, o limite da política de permanência e êxito e a realidade material dos sujeitos. Um professor, também coordenador do eixo de Informação e Comunicação retoma sobre o comprometimento do grupo, enquanto uma descontinuidade.

> *A gente percebe colegas bem comprometidos, que estão aí para ajudar e percebe aqueles colegas... Que sempre vai ter. Não adianta um mundo maravilhoso que ele não existe. Mas dá uma visão do que é, do que não é e do que se pode fazer. E decidir em grupo de que forma nós podemos lidar. Acho que isso é importante, para que todos, tu viu naquela reunião, ter uma linguagem em comum. Porque cada um tem uma linguagem, por isso fica muito difícil (Coordenador(a) de Eixo- Campus 1).*

É possível perceber o movimento dialético, pois são concepções de educação, de permanência, de êxito que divergem, que avançam e retrocedem. Em outro relato a questão do comprometimento dos sujeitos envolvidos também é problematizada.

> *Eu vejo assim, que é de dificuldade, como eu já te disse, é a integração na realidade. Porque o programa, eu to olhando do ponto de vista como pedagoga que eu sou, nós temos uma visão um pouco mais ampla da questão da educação. Então eu acho que nós não conseguimos, a nossa maior dificuldade é articular as ações. É fazer com que todos estejam envolvidos nesse processo, não quer dizer que todos não estejam trabalhando para isso, mas ainda de uma maneira fragmentada. Eu vejo assim. É uma análise minha, que o que acontece num eixo não é a mesma coisa que acontece em outro.[...] Às vezes, parece que nós ficamos olhando daqui, olhando as coisas, às vezes eu vejo que há uma dificuldade de integração de ações. Embora a gente faça muita coisa, isso que eu te disse, são ações articuladas, mas nós precisamos pensar sobre essa permanência e no êxito para o aluno, ainda tem essa fragilidade na questão da integração (Coordenador(a) do PPE- Campus 2).*

Nesse relato é possível perceber o movimento contraditório, como criador. No relato abaixo a dialeticidade dá espaço a não reflexão sobre a práxis dos atores da instituição.

E outro lado, é claro, esse trabalho com os alunos, com os professores, com os coordenadores, com os pais e esse entrosamento com a equipe. Claro que a gente nunca, a equipe do PPE, ela nunca se importou, embora eu estivesse na coordenação, a gente nunca fez uma estrutura vertical, sempre foi horizontal, que a gente trabalhava em conjunto, um ajudando o outro, *total comunhão, total sintonia*, que ia além do nosso trabalho, os alunos pressentiam. (Coodenador(a) do PPE- Campus 1)

A partir desse relato questiona-se: é possível a "integração total" visto que existem concepções distintas sobre permanência e êxito, sobre educação e trabalho, sobre o papel dos Institutos Federais? A "total sintonia" dá espaço para a contradição e superação de um modelo excludente de EPT?

Holfing (2001) quando aborda as políticas educacionais problematiza os conflitos de interesse, como inerentes às políticas educacionais, visto que denota uma assimetria das relações entre elite e trabalhadores e no caso da Educação Profissional e Tecnológica isso não seria diferente. Como já discutido no Capítulo 3, sobre a EPT se decretam diferentes concepções e objetivos que explícitos e implícitos demonstram os objetivos de determinada política educacional. Então o conflito de interesse faz parte das políticas educacionais alicerçadas no modelo capitalista e isso não seria diferente no que se trata de permanência e êxito de estudantes da classe trabalhadora na escola, que buscam o direito à educação e não somente à escola. Sobre esse movimento, Holfing (2001) aborda:

> As ações empreendidas pelo Estado não se implementam automaticamente, tem movimento, tem contradições e podem gerar resultados diferentes dos esperados. Especialmente por se voltar para e dizer respeito a grupos diferentes, o impacto das políticas sociais implementadas pelo Estado Capitalista sofrem o efeito de interesses diferentes expressos nas relações sociais de poder (HOLFING, 2001, p. 35).

Em outros discursos dos entrevistados é possível perceber o conflito de interesses e percepções sobre a permanência e o êxito.

> Muitos ainda acham que é protecionismo aos estudantes e acham que queremos que "todos" aprovem mesmo, ainda falta muita formação docente referente ao entendimento sobre permanência e êxito (Coordenador (a) eixo de Recursos Naturais- Campus 2).

Outro relato de uma entrevista com um(a) coordenador(a) de Eixo faz uma distinção sobre o perfil esperado pelo IF Farroupilha e os alunos que ingressam. Além de manifestar uma concepção sobre a permanência e êxito.

> *Eu acho que falta para muitos. Acho que o trabalho deveria ser intensificado junto aos servidores, não só docentes, mas em geral. Para a gente perceber o que esta acontecendo. Muitas vezes a gente diz: aquele aluno é vagabundo. Vamos perceber o que esta acontecendo. Vamos tentar ir atrás. Ah, se realmente é isso, nós vamos falar que é. Chega alunos que querem transferir, realmente acho que aqui não é teu perfil, ok. Agora chega outros, que não, aqui é o teu perfil. Nós conseguimos ver isso. Só que a gente tem que intensificar isso junto à comunidade interna. Para que todos os professores tenham uma percepção maior do que é o PPE. É importante. Que o que a gente está dizendo que ter permanência e êxito não é passar aluno. Não é essa proposta. O êxito pode ser visto de várias formas. Então, mas eu acho que tem que intensificar para que todos consigam esse comprometimento perante o aluno. Não é passar o aluno para ter êxito, por que isso não agrega lá fora, porque ele sai daqui como um técnico, ele tem que saber as áreas técnicas. Então eu acho que daria para intensificar essa parte, que ainda falta bastante (Coordenador(a) Eixo de Informação e Comunicação- Campus 1).*

A partir desses relatos é possível perceber que as diferentes concepções fazem parte da política educacional, visto que, como Holfing (2001) aborda, há conflitos de interesses, que no caso em especial dos Institutos Federais, concepções sobre EPT que refletem na concepção de permanência e êxito. Isso é possível observar por esse último discurso: "*porque ele sai daqui como um técnico, ele tem que saber as áreas técnicas*" *(Coordenador(a) Eixo de Informação e Comunicação- Campus 1).* A partir dele é possível perceber que existem concepções que ainda mantêm as dicotomias presentes nos Institutos Federais. No próximo item serão discutidas essas diferentes concepções, sobre a problemática da permanência e êxito.

4.2 A complexidade da Permanência e do Êxito

Nessa seção serão discutidas as concepções de permanência e êxito que os participantes da pesquisa possuem, problematizando com as possíveis causas para o fracasso escolar. As concepções de permanência e êxito são discutidas juntamente com as causas para evasão e a retenção justamente para provocar a reflexão sobre a dialeticidade do processo que envolve a permanência, o êxito, a evasão e a retenção.

Inicia-se refletindo sobre as causas e fatores que levam estudantes à retenção e à evasão. No intuito de compreender a totalidade, é importante ressaltar que a expansão dos Institutos Federais de Educação, Ciência e Tecnologia trouxe além de expectativas positivas - como maior oferta de educação profissional e tecnológica para jovens e adultos e a interiorização da Rede Federal num País extenso como o Brasil - trouxe também alguns problemas, como a exclusão por meio do abandono escolar.

A partir disso, pesquisas buscam encontrar as causas para o fracasso escolar e no próprio PPE. Há descritas várias causas, divididas em categorias, sendo elas: fatores individuais do estudante e fatores internos e externos à instituição. São elas:

> **Fatores individuais do estudante**- representam aspectos peculiares às características do estudante, tais como: adaptação à vida acadêmica, capacidade de aprendizagem e habilidade de estudo; compatibilidade entre a vida acadêmica e as exigências do mundo do trabalho; escolha precoce da profissão; formação escolar anterior; informação a respeito do curso; participação e envolvimento em atividades acadêmicas; questões de saúde do estudante ou de familiar; e questões financeiras do estudante ou da família. **Fatores internos à Instituição**- constituem-se problemas relacionados à infraestrutura, ao currículo, à gestão administrativa e didático-pedagógica da instituição, bem como outros fatores que desmotivam e conduzem o aluno a evadir do curso. É nesse rol de fatores que a instituição deve, constantemente, fortalecer sua oferta educativa. Nesse conjunto, estão os problemas relacionados à atualização, estrutura e flexibilidade curricular; cultura de valorização e identidade institucional; carência de programas institucionais para os estudantes, falta de formação continuada dos servidores, deficiência na gestão administrativa e financeira da instituição (física, material, tecnológica, pessoal, etc.) e deficiência no processo de seleção. **Fatores externos à instituição**- relacionam-se às dificuldades financeiras do estudante em permanecer no curso e às questões inerentes à futura profissão, avanços tecnológicos, econômicos e sociais; conjuntura econômica e social; oportunidade de trabalho para egressos do curso; qualidade da escola de ensino fundamental ou médio de origem do estudante; questões financeiras da instituição; reconhecimento social do curso; e valorização da profissão (PPE do IF FARROUPILHA- 2014, grifos do autor).

As pesquisas, que foram geradas para se chegar a essa categorização das causas, ganharam destaque nos últimos anos, porém ainda são poucos estudos e dados sistematizados para tratar da complexidade que envolve evasão e retenção na educação profissional e tecnológica. O abandono escolar precoce tem grandes reflexos na construção social, política e econômica do Brasil e de outros países, como salienta Paixão, Dore e Margiotta (2012). Os autores ainda acrescentam que além do reflexo no sistema educativo, a evasão escolar traz o retrato das relações sociais existentes, sendo possível analisar as demandas do país a partir dos índices de evasão.

A perspectiva da totalidade se faz necessária para compreender os enlaces das políticas educacionais com o sistema econômico e ainda como possibilidade de entender no concreto o porquê dos estudantes que ingressam num Instituto Federal não concluírem sua formação no tempo esperado ou até mesmo nunca concluírem. É compreender a totalidade de como as relações sociais se manifestam e como se contradizem (KUENZER, 2012), como já problematizado anteriormente.

Na busca pelas causas, uma das pesquisas realizada por Dore, Sales e Castro (2014) na Rede Federal de Educação Profissional e Tecnológica de Minas Gerais apontou um alto índice de evasão no período de 2006 a 2010. O levantamento apontou que em quatro anos, quase 10 mil alunos evadiram e em contrapartida a soma de concluintes foi de apenas 17.683 estudantes. A partir desses dados foi aplicado um questionário a 762 estudantes, que já haviam evadido e assim hierarquizadas as principais causas de evasão, apontadas por esses.

A partir da análise das causas e o agrupamento das quais haviam relação, foram apontados oito fatores para a evasão, sendo eles descritos de maior frequência para menor: necessidade de trabalhar; falta de identificação com o curso; preferência pelo curso superior; problemas no curso e na aprendizagem; dificuldades financeiras e pedagógicas; falta de suporte acadêmico; falta de incentivo aos estudos pela escola e falta de qualidade da escola. (DORE, SALES e CASTRO, 2014).

Outro trabalho, realizado por Fritsch, Vitelli e Rocha (2014) analisa qual o perfil do jovem que está no ensino médio, bem como as políticas públicas destinadas a esse público. O estudo aborda três políticas educacionais no estado do Rio Grande do Sul, a Aceleração, a Educação de Jovens e Adultos (EJA) e o Ensino Médio Politécnico. A discussão trazida pelos autores aponta para uma característica comum, no Ensino Médio: "o abandono e a reprovação escolar, [...] são maiores entre os alunos com defasagem idade-série nas primeiras séries. O estudante com defasagem idade-série tem menos chances de aprovação do que os demais" (FRITCH, VITELLI e ROCHA, 2014, p. 145). Ou seja, ao investigar uma trajetória desse estudante é possível observar a reprovação como um fator de risco, devendo, portanto, ser acompanhada.

A reprovação tem se mostrado um importante fator que leva ao abandono, já de algum tempo os pesquisadores reforçam as consequências negativas da reprovação. Isso tem consequência para o próprio estudante, como também para o sistema de ensino, podendo refletir num abandono precoce da escola. Em relação ao perfil desse estudante com defasagem idade-série é possível observar a vulnerabilidade, a heterogeneidade dentro de uma mesma turma, causando conflitos, a pouca motivação para estar naquele lugar, bem como as exigências do mercado de trabalho (FRITCH, VITELLI e ROCHA, 2014).

Compreender a evasão torna-se uma tarefa complexa, visto a não existência de uma única causa, que possa ser preditora do comportamento de abandonar a escola. Para Rumberger (2011), há dois tipos de fatores relacionados ao abandono, os fatores individuais, associados ao estudante, como as atitudes, comportamentos e experiências anteriores e os fatores relacionados ao contexto do estudante, sua relação com a família, escola e comunidade.

É possível destacar alguns comportamentos individuais que são preditores do abandono, como estudantes que possuem baixas aspirações educacionais e ocupacionais, grande número de faltas, mau comportamento e gravidez. Isso está relacionado ao histórico de retenções, sendo que quanto maior forem as experiências de retenções, maiores as chances de que esse estudante abandone a escola. A decisão de abandonar a escola está na relação entre esses fatores (RUMBERGER, 2011).

Os sujeitos da pesquisa – coordenadores(as) de curso e de eixo e os(as) coordenadores(as) do PPE - destacaram várias situações como preditoras do abandono escolar e também para a retenção. Na imagem abaixo são descritos os fatores relacionados à evasão e retenção escolar, apontados pelos entrevistados.

Figura 2: Fatores para evasão e retenção

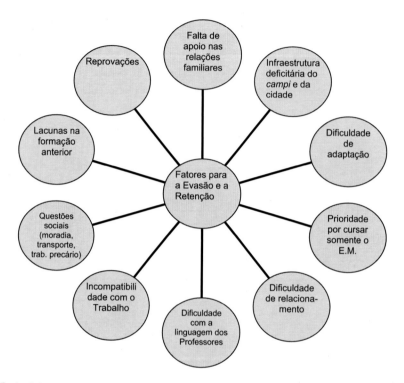

Fonte: Autora

Esses são os principais fatores que os participantes da pesquisa apontaram como recorrentes para as causas da evasão e da retenção nos campi onde trabalham. Assim como a categorização utilizada no PPE, esses fatores também podem ser agrupados em: fatores individuais e fatores internos e externos à instituição, como descritos anteriormente.

Um dos entrevistados enfatiza a supremacia dos fatores sociais em relação aos fatores cognitivos, como destaca:

> Essas questões são muitas vezes físicas, falta de saúde física, a questão social e a questão cognitiva, que eu coloco em menor grau. E de todas essas, **a que eu mais acredito que repercuta na questão da retenção e depois na evasão, é a questão social.** E dentro dessa questão social, fora essa questão

*social que os alunos trazem que vivem, **o abandono da família ou a ausência da família é o principal**. A gente sente um grande diferencial dos alunos que são acompanhados pela família, que a família é presente no ambiente escolar, daqueles que não tem a presença. E também senti uma mudança positiva e significativa quando a família começa a participar, então é muito mais social do que cognitivo e evasão e retenção são consequência desse processo. Até eu faço uma relação, bem interessante, claro que o aluno vai passando ele vai ganhando autonomia, mas autonomia não significa abandono. Muitas vezes a gente confunde autonomia com abandono, "ah meu filho esta ficando adolescente e eu não acompanho mais" é um abandono. O bom no meu ponto de vista que o aluno, o adolescente, o jovem, o pré-adolescente é que ele tivesse aquele acompanhamento que eles têm lá na pré escola, que a família participe efetivamente (Coordenador(a) do PPE- Campus 1, grifo nosso).*

Sobre esses fatores contextuais, Rumberger (2011) também chama atenção para a constituição e dinâmica familiar do estudante. O background familiar, como o *status* sócio-econômico, escolaridade e renda dos pais, são importantes fatores sobre permanecer ou abandonar a escola, como problematizado anteriormente com o perfil do estudante do IF Farroupilha. As escolas também fazem parte desse contexto, exercendo forte influência sobre o desempenho do estudante. Algumas características da escola são decisivas, como o perfil dos estudantes que a frequentam, características estruturais, como tamanho, localização e controle, financiamento, qualidade dos professores e relação professor-estudante e, por fim, as políticas e práticas adotadas pela escola. Rumberger (2011) acrescenta que o poder da escola sobre a evasão poderá estar relacionada às políticas institucionais, que excluem o estudante, o punindo com suspensões, expulsões ou transferências.

Sobre essa última questão: suspensões, expulsões ou transferências, embora pareçam ultrapassadas ou que não aconteçam mais, na reunião acompanhada com os membros da assessoria pedagógica e os coordenadores de eixo e curso, essa punição ainda é sugerida como "medida educativa", como descrito no relato da reunião.

Pergunta de uma coordenadora: a instituição chama pai **e não tem como ser expulso por três dias?** A sugestão é que as regras sejam mais rígidas no primeiro ano. Regras sobre o uso do celular e a saída da aula para pegar água quente para o chimarrão. Coordenador(a) de um Eixo diz: "Iniciou com 40 alunos, estão com 34 alunos e ninguém consegue dar aula". Os professores concordam sobre a dificuldade de concentração de uma hora dos estudantes. Esse é o desafio para o primeiro ano. **A Coordenadora fala que não tem como ter suspensão, mas que sejam tomadas medidas educativas que os estudantes façam em frente aos outros estudantes. Um exemplo é**

transcrever um livro nas oito primeiras páginas. **Coordenadora Geral diz: "não tem como carpir". "Todos alunos devem pegar pesado".**
Relato de um dos membros da assessoria pedagógica argumenta e sugere que "conversar com os pais não para permanecer, mas que esse lugar não é para seu filho" (Relato de reunião- Campus 1, grifo nosso).

A contradição nesses discursos em relação à política da EPT e também do PPE é evidente. A política educacional da EPT, como a do PPE retomam a importância da inclusão social que deve ser preconizada pelos Institutos Federais, conforme discutido anteriormente. E esse relato também vai de encontro à proposta do PPE de promover permanência e êxito, pois o que promove é ainda mais a exclusão e o abandono escolar, além da dificuldade de ver questões pedagógicas.

Luscher e Dore (2011) acrescentam que a decisão de permanecer na escola, também é reflexo de uma boa rede de relacionamento com colegas e professores, ou seja, quanto maior for o engajamento social e acadêmico do estudante, maiores as chances de permanecer na escola até a conclusão do seu nível de ensino. Isso explica a hipótese de que a evasão é um processo progressivo e contínuo de desengajamento das atividades acadêmicas e até mesmo da comunidade escolar.

O fator de engajamento social e acadêmico foi apontado na pesquisa realizada por Alves (2011) que demonstrou a importância dos grupos de estudantes jovens na construção de sua própria identidade, bem como uma base de apoio e compartilhamento de suas próprias angústias no que tange a vida escolar. Na pesquisa, o autor aponta outra característica sobre a evasão nos Cursos Técnicos Integrados numa Instituição Federal de Educação Ciência e Tecnologia: a elevada ocorrência da reprovação nas primeiras etapas do curso.

A Faculdade Latino-Americana de Ciências Sociais (FLACSO) em parceria com o MEC e outros parceiros nacionais e internacionais desenvolveu um estudo sobre a educação para a juventude. Um dos aspectos estudados foi o abandono escolar, apontando as causas para a evasão.

Os motivos que levaram os alunos a parar seus estudos são variados, mas, em ordem de importância, destacam-se: *para trabalhar* (28%), fundamentalmente entre os da EJA (35,5%) e os do PJU (26%), mas também não é baixa a proporção de alunos do EM: 21,4%[20]. Outro motivo que se destaca entre os selecionados é relativo a *questões familiares*, principalmente entre os alunos de

---

[20] Educação de jovens e adultos (EJA), Projovem Urbano (PJU) e Ensino Médio (EM).

EM (23,8%). Questões relacionadas à escola, *violência na escola, problemas na escola, não gostava de estudar* e *escola chata* galvanizam cerca de 20% das indicações. **Isso alerta para a importância de mais discutir o lugar do ensino e da escola na modelação de vontades dos alunos**, tendo em vista que a subjetividade se entrelaça com um objeto de referência básico e objetivo, qual seja, a socialização pelo conhecimento e modos de vida em sociedade, que seriam próprios da escola. São próximas as proporções entre cada segmento por modalidade que se orientam por tais categorias críticas da escola (ABRAMOVAY, 2015, p.64, grifo nosso)

Segundo Alves (2011), a reprovação gerou impactos negativos na vida desses estudantes, até mesmo de ordem psicológica, isso porque foi necessário mudar de escola e, consequentemente, não pertencer mais a um grupo. A marca deixada é a da exclusão social, pois "a escola está sim desqualificando estes aprendizes quando os reprova e contribui para a evasão escolar" (ALVES, 2011, p. 171).

Assim como as causas da evasão escolar, o debate sobre as diversas situações que a evasão pode ser associada também é complexo, na medida em que não é possível a unificação em um conceito. O abandono escolar pode ocorrer em diferentes modalidades de ensino, porém um elemento fundamental para essa análise é a obrigatoriedade do nível de ensino. De acordo com Luscher e Dore (2011), o termo evasão escolar pode estar vinculado a diversas situações como a retenção e a repetência, saída do aluno de uma determinada escola ou do sistema de ensino, a não conclusão de um nível do ensino, etc.

Paixão, Dore e Margiotta (2012) corroboram no sentido da complexidade que envolve o entendimento conceitual da evasão escolar. Dentre esses elementos, pode ser citado o nível de escolaridade, o tipo de abandono, as razões que levaram a desistência, a saída de uma determinada escola ou nível de ensino, a retenção, etc.

Para Johann a evasão pode ser entendida como "abandono do curso, rompendo com o vínculo jurídico estabelecido, não renovando o compromisso ou sua manifestação de continuar no estabelecimento de ensino" (2012, p.65). A autora ainda complementa que há peculiaridades inerentes aos Institutos Federais, necessitando um olhar diferenciado sobre a evasão nesse contexto, visto que há uma política educacional específica.

Nessas relações, sobre as causas do fracasso escolar, Patto (2016) retoma pesquisas que foram desenvolvidas como intuito de problematizar as causas do fracasso escolar. Pesquisas recentes na área da educação começaram a problematizar a importância do sistema escolar e assim passou-se a investigar os fatores intraescolares na produção do fracasso escolar. Os discursos vão desde a carência cultural de estudantes pobres até os mecanismos escolares de seletividade social.

> As explicações do fracasso escolar baseadas nas teorias do déficit e da diferença cultural precisam ser revistas a partir do conhecimento dos mecanismos escolares produtores de dificuldades de aprendizagem (PATTO, 2016, p.355)

Ou seja, é necessário superar o discurso da responsabilização do estudante ou de sua condição social como causadores do fracasso escolar, como aparecem em vários discursos nesta pesquisa, a saber: abandono familiar, problemas de aprendizagem na formação anterior. Isso exige que, criticamente, problematizem-se os mecanismos escolares que influenciam na aprendizagem, como destacou Patto (2016).

A partir da problematização que Patto (2016) faz sobre os discursos que envolvem o fracasso escolar, serão discutidas as concepções que os sujeitos da pesquisa têm sobre a permanência e êxito, como eles compreendem essas duas categorias que dão nome ao próprio programa. Inicia-se com a concepção dos estudantes sobre o êxito. Para isso será utilizado a nuvem de palavras.

Figura 3: Concepções dos estudantes sobre êxito.

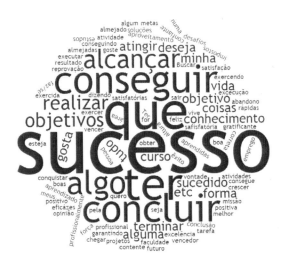

Fonte: Autora

A imagem mostra que para os estudantes os sentidos de êxito relacionam-se com o sucesso, com o ter e o concluir e em menor ocorrência com os objetivos e conhecimentos. Para os coordenadores do PPE e dos Eixos Tecnológicos, a permanência e êxito está vinculada à aprendizagem como uma construção entre professor e estudante, a socialização e também a conclusão da formação no tempo esperado. É possível perceber pelos discursos:

> Eu penso que a permanência é a criança, o adolescente, o jovem ingressam na instituição, e ele consegue dar conta de todos os desafios que ele tem aqui, com qualidade, com aprendizagem, o meu foco na permanência é muito mais na questão da aprendizagem. Acho que a gente tem que ter claro isso, que até ele permanece, mas não com qualidade. Eu sempre falo isso para os colegas, nas discussões que a gente faz, que a gente tem que **garantir a aprendizagem** dos alunos, que eles estejam aqui aprendendo, e a gente vai saber disso, não é numa prova ou num teste que eles aprenderam ou não, é quando eles forem interagir com a realidade, quando eles forem para o mundo do trabalho ou

92

*quando forem prosseguir os seus estudos(Coordenador(a) do PPE- Campus 2-
grifo nosso)*

Há outro discurso que relaciona a permanência e êxito com a aprendizagem.

*A permanência, na minha concepção, deveria ser automática. O aluno deveria
automaticamente permanecer, e não, só que isso não acontece. Então, o item
permanência é um estímulo, talvez a palavra estímulo não seja a mais
adequada, mas ela serve como suporte para que o aluno entenda que ele deva
estar aqui dentro. Eu percebo que a permanência e êxito porque nós temos que
estimular uma coisa que deveria ser natural. [...] a primeira pergunta é o que é
êxito? É tu ter nota 10? É tu ser nota 10 em tudo? É tu formar um técnico em
agropecuária, que vai ser um excelente técnico. Isso é êxito? Acho que não é
só isso. Acho que o êxito deveria ficar muito mais do que "tem que aprovar, tem
que aprovar". Não, eu vejo que a palavra êxito deve ser mais entendida como: o
aluno estar aqui dentro e criar identidade com o estudo, criar gosto pelo estudo.
**O êxito não significa ser aprovado, o êxito significa que o aluno de fato
estude aqui dentro, que ele queira estudar.** Ah mas ele vai ter média final 6.
O que significa aquele 6? De um preguiçoso que poderia ser 10 ou é um 6 de
um aluno esforçado que buscou o êxito? Então eu acho que o êxito pra mim é
isso, que o aluno entenda a importância de estudar e de que o aprendizado não
vai ser medido só pela nota. Pra mim isso é o êxito, fazer com que eles
estudem, talvez esse seja o ponto mais crítico do programa, que nós estamos
identificando no primeiro ano. Os alunos estão com nota baixa, por quê? É, em
alguns momentos tu percebe que a permanência sim, é tranquila e o êxito é
falta de estimulo do aluno. **Ele não quer buscar o êxito.** (Coordenador(a) de
Eixo- Campus 1- grifo nosso).*

Nesse discurso é possível identificar a concepção de permanência e êxito
vinculada à aprendizagem, porém está relacionada à incapacidade do estudante buscar
o êxito, a aprendizagem. Retomando Patto (2016) é possível identificar a
responsabilização individual do estudante sobre seu fracasso.

Outro discurso busca a relação entre o fracasso escolar e a permanência e êxito
enquanto antônimos.

*Ter êxito pelo contrário, por analogia é o antônimo de fracasso. O que a gente
entende como fracasso na vida escolar? **Fracasso na vida escolar é não
aprender**, ou seja, para além de avaliação, de provas, quando o aluno fracassa
quando não consegue aprender e agora quais são os motivos que faz ele não
aprender. Ai tem esses vários motivos que eu já falei. Então eu entendo
fracasso assim e **também entendo fracasso quando a escola não consegue
ensinar, ou seja, o fracasso não é só do aluno não aprender, o fracasso é
que nós não consigamos ensinar, então está havendo essa falta de
sintonia.** O êxito está diretamente relacionado ao fracasso. E quando há
fracasso, qual é a consequência? É a questão da não permanência. Quem é
que em sã consciência, qual é a pessoa que vai continuar fracassando,
fracassando e repetindo o fracasso? Ela se vê incitada ao quê? "estou
fracassando, vou transformar essa realidade, como que eu vou transformar*

essa realidade imediatamente? Saindo da escola, trocando de escola" e no caso como eles são menores de idade não tem como ficar fora da escola, mas eles pensam: "vou resolver imediatamente esse meu problema do fracasso e o que eu vou fazer? Vou trocar de escola". Saiu. Evadiu. E tudo isso resulta a falta de permanência e o fracasso, vai ocasionar que, nós temos que pensar que tem que ter uma atividade específica, tem que ter um direcionamento (Coordenador(a) do PPE- Campus 1- grifo nosso)

Esse discurso retoma o papel da instituição para com o fracasso escolar. A permanência e o êxito também foram relacionados com a socialização do estudante, principalmente para aqueles que estão no primeiro ano do Ensino Médio Integrado.

*A permanência é permanecer dentro do instituto. O êxito eu não vejo só como a nota. E é o que qualifica hoje. O êxito é passar. O êxito é fazer os três anos, estar lá. É permanência e êxito. Mas a gente tem alunos que quando a gente recebe, seja no primeiro ou no segundo ou terceiro ano, que é mais difícil, que no primeiro, a gente tem que resgatar o aluno. E tem muitos, que a gente diz: "esse aluno nem ia para o refeitório para almoçar. Ele nem entrava lá. Ele ficava sozinho num canto com medo". Esse aluno hoje ele tem os círculos de amizade, ele conversa, ele socializou agora. Agora ele pode vir para a sala de aula. **Então para mim o êxito desse ano foi cumprido. Reprovou? Ok. Mas a gente resgatou uma parte fundamental que é a socialização desse aluno.** (Coordenador(a) de Eixo- Campus 1- grifo nosso).*

Outro discurso está mais relacionado à conclusão no tempo esperado no Projeto Pedagógico do Curso (PPC).

*Permanência é criar todas as possibilidades para o estudante acessar, permanecer e no final ter êxito, ou seja, **concluir sua formação no tempo certo** (Coordenador (a) de Eixo- Campus 2- grifo nosso).*

Todas as concepções sobre a permanência e o êxito, sobre as causas e fatores de evasão e retenção, refletem o movimento da práxis do Trabalho Pedagógico no cotidiano dos *Campi*. Assim a transformação pela práxis para o movimento da permanência e êxito tem como parte fundamental as relações humanas que são construídas pelo Trabalho Pedagógico. Por esse motivo se faz necessário compreender essas relações que se dão a partir do Trabalho Pedagógico e a possibilidade da permanência e êxito ou do fracasso escolar.

5 AS RELAÇÕES DO TRABALHO E EDUCAÇÃO E O TRABALHO PEDAGÓGICO

As concepções de trabalho e educação são elementos que compõem as políticas educacionais, em especial a política da Educação Profissional e Tecnológica fazendo refletir e ser refletida pelo Trabalho Pedagógico. Além do aspecto particular, essas concepções revelam qual o projeto de sociedade se quer construir. Nessa seção serão apresentadas quais são as concepções que orientam a construção dessa pesquisa.

5.1 A concepção de Trabalho e Educação

A construção de educação e trabalho é, aqui, propositalmente entendida como elementos indissociados, oriundos de uma realidade material a ser analisada. Compreender a Educação Profissional é compreender a educação intrínseca ao trabalho e vice-versa. Essa relação aqui apresentada é justificada por vários motivos: o primeiro deles é o estudo da educação que se ocupa do mundo do trabalho; o outro é compreender a problemática do trabalho para os estudantes da classe trabalhadora e ainda a possibilidade que as políticas educacionais assumem para além da visão de trabalho e educação como mercadorias, servindo para produzir e treinar pessoas (CIAVATTA, 2009).

Por esses motivos é que se assume uma posição de crítica sobre a relação entre trabalho e a educação no contexto capitalista. Uma posição que entende a educação, assim como o trabalho, como própria do ser humano, pois é ao "mesmo tempo, uma exigência do e para o processo de trabalho, bem como é, ela própria, um processo de trabalho" (SAVIANI, 2011, p. 11).

Desta maneira é necessário construir as bases das categorias trabalho e educação. Numa concepção marxista do trabalho é possível definir este como constitutivo do ser humano, ou seja, é através do trabalho que o ser humano se humaniza, pois ao transformar a natureza, necessita de um dispêndio de energia intelectual e física (MARX, 2013). Para Marx, na obra "O Capital" (2013), o ser humano age "sobre a natureza externa modificando-a por meio desse movimento, ele modifica, ao mesmo tempo, sua própria natureza" (2013, p. 255). Nos pressupostos de Marx, o conceito de trabalho passa a ser uma categoria para análise do modo de produção capitalista, na contradição entre capital e trabalho (MARX, 2013). A prerrogativa da relação do trabalho com a natureza é também ressaltada por Marx (2015) nos Manuscritos Econômico-filosóficos.

> O trabalhador não pode criar nada sem a natureza, sem o mundo exterior sensível. Ela é material no qual o seu trabalho se realiza, no qual é ativo, a partir do qual e por meio do qual produz. Porém, tal como a natureza fornece o meio de vida do trabalho, no sentido de que o trabalho não pode viver sem objetos nos quais se exerce, assim a natureza fornece por outro lado também o meio de vida no sentido estrito; a saber, o meio de subsistência física do próprio trabalhador (MARX 2015, p. 306).

Assim, é pelo trabalho em relação estrita com a natureza que o ser humano constrói a sua existência. Engels (2013) no texto: "Sobre o papel do trabalho na transformação do macaco em homem", retoma os aspectos ontológicos e históricos do ser humano, referindo-se ao trabalho.

> É a condição básica e fundamental de toda a vida humana. E em tal grau até certo ponto, podemos afirmar que o trabalho criou o próprio homem (ENGELS, 2013, p. 13).

E em outro trecho Engels distingue o humano do animal pela sua relação com a natureza, dada pelo trabalho.

> Só o que podem fazer os animais é utilizar a natureza e modificá-la pelo mero fato de sua presença nela. O homem, ao contrário, modifica a natureza e a obriga a servir-lhe, domina-a. E aí está, em última análise, a diferença essencial entre o homem e os demais animais, diferença que, mais uma vez, resulta do trabalho (ENGELS, 2013, p. 25, grifo nosso).

A partir disso, é possível compreender o trabalho como central para o desenvolvimento humano, ou seja, só é possível ser humano a partir do trabalho. Marx (2013) relaciona o trabalho como uma atividade criadora, pela qual o sujeito se apropria de sua história. No capitalismo, a força de trabalho é mercadoria, subordinado as leis do capital. O trabalho torna-se humilhante e penoso. O trabalho é assalariado e está a serviço de uma classe detentora dos meios de produção, restando à classe trabalhadora a troca da sua força de trabalho, pelo salário. O trabalho passa a ser sinônimo de ocupação, emprego, atividade desenvolvida dentro do mercado do trabalho. O trabalho, nessa concepção, é um elemento de poder, de violência, numa relação social assimétrica, perde a característica de produção material para suprir uma necessidade. O capitalismo estabelece uma relação de trabalho, de tal forma, que essas relações desiguais sejam naturais, necessárias e desejáveis (GOMES, et. al, 2012).

Antunes, na obra "O caracol e sua concha" de 2005, ressalta que o trabalho na sociedade capitalista moderna é fruto de uma nova morfologia do trabalho, do qual cada vez mais, homens e mulheres estão no mercado de trabalho de forma terceirizada, subcontratada ou até mesmo temporária. Esse processo, contraditoriamente, intensifica os níveis de degradação do trabalho na sociedade contemporânea, na medida em que o capital não podendo eliminar o trabalho vivo do processo de produção da mercadoria, intensifica a exploração do trabalho pelo trabalho morto[21], resultando assim, em maior produção em menor tempo.

Ciavatta (2009) em "Mediações Históricas de Trabalho e Educação" problematiza também a morfologia que o trabalho adquire no capitalismo. O processo de evolução do Capitalismo levou o uso da ciência e da tecnologia à desqualificação do trabalho, visto que houve uma grande parcialização das tarefas e a subordinação do trabalhador ao capital.

> O aperfeiçoamento da produção mediante o uso de novas tecnologias é comumente apresentado como necessário, dada a escassez de mão de obra qualificada, o que justificaria o investimento na formação de mão de obra especializada e de quadros técnicos. Mas a evolução do processo produtivo mostra que com a introdução do processo técnico, das chamadas tecnologias de ponta, não ocorre necessariamente a demanda geral de maior qualificação da força de trabalho. O que existe é a tendência à demanda de um corpo coletivo de trabalho nivelado por baixo ou de menor qualificação, mediante a simplificação da maior parte do processo de trabalho. Complementarmente, há a transformação ou a extinção de certos postos de trabalho e especialização de outros (CIAVATTA, 2009, p. 22).

---

[21] Por trabalho morto, Antunes (2005), com base em Marx, compreende o trabalho do homem corporificado através da maquinaria, essa cada vez mais engendrada de aparatos técnico-científicos.

98

Os movimentos contraditórios são inerentes ao capitalismo. Antunes (2011) ao questionar a existência ou não, do trabalho na atualidade, reafirma a metamorfose que ele assume.

> [...] ao mesmo tempo em se visualiza uma tendência para a qualificação do trabalho, desenvolve-se também intensamente um nítido processo de desqualificação dos trabalhadores, que acaba configurando um processo contraditório que superqualifica em vários ramos produtivos e desqualifica em outros. [...] Complexificou-se, fragmentou-se e heterogeneizou-se ainda mais a *classe-que-vive-do-trabalho*. Pode-se constatar, portanto, de um lado, um efetivo processo de *intelectualização do trabalho manual*. De outro, em sentido radicalmente inverso, uma *desqualificação* e mesmo, *subproletarização* intensificadas, presentes no trabalho precário, informal, temporário, parcial, subcontratado etc (ANTUNES, 2011, p. 58-59, grifos do autor).

Assim, o trabalho adquire novas formas no capitalismo e não há perspectiva de que ele não exista mais e nem mesmo a eliminação da classe-que-vive-do-trabalho (ANTUNES, 2011).

Frigotto (2002) acrescenta que a essência do capital, enquanto sistema econômico, é a busca por acumular, concentrar e centralizar e para isso precisa excluir pequenos concorrentes e explorar a força do trabalho. A esfera atual do capitalismo está centrando suas forças em privatizar a ciência e a tecnologia, a esfera pública e os direitos dos trabalhadores. Conclui que "a insistência na desregulamentação, na descentralização autoritária e na privatização. O que está em crise não é o trabalho, mas a forma capitalista de trabalho assalariado" (FRIGOTTO, 2002, p. 22).

No capitalismo, essa condição de produção da vida é de forma alienada. Marx, nos Manuscritos Econômicos e Filosóficos afirma que o produto do trabalho, no sistema capitalista é alienado, separado, cindido do trabalhador. Assim o ser humano não se reconhece como produtor daquele objeto, do produto do seu trabalho.

> [...] o próprio trabalho torna-se objeto, do qual ele só pode se apoderar com o máximo esforço [...]. A apropriação do objeto aparece a tal ponto como alienação que, quanto mais objetos o trabalhador produz, tanto menos pode possuir e tanto mais cai sob a dominação do seu produto, do capital. [...] Portanto, quanto maior é essa atividade, tanto mais privado do objeto fica o trabalhador. O que o produto do seu trabalho é, ele não é. Quanto maior, portanto, é esse produto, tanto menos ele próprio é. A exteriorização do trabalhador no seu produto tem o significado não só de que o seu trabalho se torna um objeto, uma existência exterior, mas também de que ele existe fora dele, independente e alienado a ele, e se torna um poder autônomo frente a ele, de que a vida, que ele emprestou ao objeto, o enfrenta de modo hostil e alienado (MARX, 2015, p. 305- 306).

Ao trabalhador só resta vender a sua força de trabalho como forma de subsistência física, condição essa, que o aproxima do animal e distancia da condição humana (MARX, 2015). Martins e Eidt (2010) quando tratam das relações entre as categorias do trabalho e da atividade, sob a luz da psicologia histórico-cultural, retoma a alienação enquanto um esvaziamento físico e mental do ser humano com relação à sua espécie, assim "nessas condições, o trabalho não se constitui em uma atividade em que o humano desenvolve de modo pleno as suas faculdades humanas, mas é atividade externa, que unilateraliza e deforma o indivíduo (MARTINS e EIDT, 2010, p. 677).

O trabalho na sua concepção ontológica é capaz de diferenciar o humano do animal e no capitalismo adquire a capacidade de adoecimento, pela alienação e espoliação do trabalhador. A partir disso, questiona-se: como se estabelece a relação entre educação e trabalho, enquanto humanizadora e enquanto usurpadora?

Com base nas concepções de Marx sobre o modo de produção, isto é o modo pelo qual os homens produzem sua existência, Lombardi (2011) reforça a tese do trabalho como princípio educativo: "[...] o homem não nasce pronto, mas tem de tornar-se homem. Ele forma-se homem [...] Ele necessita aprender a ser homem, precisa aprender a produzir sua própria existência" (LOMBARDI, 2011, p. 103). Nesse sentido é que o homem precisa formar-se, educar-se como tal, a partir da produção de sua existência, seu trabalho.

Para Frigotto (2002), o princípio educativo do trabalho está sob a necessidade desta atividade, aos humanos, desde sempre. O trabalho é entendido como um elemento criador da vida humana, na perspectiva de um dever e direito, que deve ser aprendido e socializado desde a infância. Ou seja, "trata-se de aprender que o ser humano- como ser natural- necessita elaborar a natureza, transformá-la, e pelo trabalho extrair dela bens úteis para satisfazer suas necessidades vitais e socioculturais" (FRIGOTTO, 2002, p. 15). É um direito, pois é por meio do trabalho que o humano pode criar, recriar e reproduzir sua existência. A condição material do trabalho no capitalismo é de forma alienada, é a partir da venda de sua força de trabalho que o ser humano produz minimamente a própria vida, pois caso não tenha o direito ao trabalho, fica impedido do acesso ou da produção dos bens para a sobrevivência (FRIGOTTO, 2002). Em outro texto, Frigotto (1989) sinaliza que o trabalho deve ocupar o espaço da

> relação social fundamental que define o modo humano de existência, e que, enquanto tal, não se reduz à atividade de produção material para responder à reprodução físico-biológica (mundo da necessidade), mas envolve as dimensões sociais, estéticas, culturais, artísticas, de lazer etc (mundo da liberdade) (FRIGOTTO, 1989, p. 21).

Para Arroyo (2012) o trabalho como princípio educativo, também é a relação entre a necessidade de criar-se através do trabalho e a perpetuação da vida – criar, recriar e reproduzir sua existência.

> O trabalho como princípio educativo situa-se em um campo de preocupações com os vínculos entre vida produtiva e cultura, com o humanismo, com a constituição histórica do ser humano, de sua formação intelectual e moral, sua autonomia e liberdade individual e coletiva, sua emancipação. Situa-se no campo de preocupações com a universalidade dos sujeitos humanos, com a base material (a técnica, a produção, o trabalho), de toda atividade intelectual e moral, de todo processo humanizador (2012, p. 152).

Kuenzer (2012) também reforça a capacidade de criar, recriar e reproduzir a existência humana pelo trabalho: "[...] enquanto práxis humana, material e não material, que objetiva a criação das condições de existência" (2012, p. 55). Porém no capitalismo, a principal função do trabalho é a produção de mais-valia.

Essa relação, educação e trabalho, no modo de produção capitalista está baseada em relações de produção previamente instituídas, que demarcam os sujeitos e suas classes e é nessas condições que o ser humano produz historicamente as condições materiais de vida. (LOMBARDI, 2011).

Lombardi (2011) ainda acrescenta que para Marx e Engels, a luta da classe trabalhadora pelo acesso à cultura técnica, constituiria uma importante ferramenta para a autonomia dessa classe. Essa luta deve ser baseada não apenas no acesso aos conhecimentos, mas, sobretudo, que a partir disso, possa controlar o processo de produção e reprodução do conhecimento técnico e científico. Deve partir da classe trabalhadora, a busca por um direito historicamente negado, resultado da divisão do trabalho intelectual e manual, do qual gerou a separação dos trabalhadores, dos instrumentos de trabalho e dos produtos.

O direito à educação, para além do direito à escola é tratado por Arroyo (2012). No capitalismo, a burguesia oferece escolarização, mas nega educação. Oferecer a educação implica na consciência coletiva, um movimento para a construção de uma sociedade alternativa, uma revolução no saber para se reconhecer enquanto classe trabalhadora. Esse movimento, pela práxis, permite desafiar as concepções hegemônicas de educação. O autor ainda acrescenta:

> É a esse processo educativo que a burguesia e seu Estado reagem, tentam negá-lo, desarticulá-lo, confundi-lo. As formas são as mais variadas, como a negação de uma base material, como a negação de uma base material para uma vida humana, o excesso de trabalho extenuante, as péssimas condições materiais de existência, a negação de tempos e espaços culturais e educativos, a separação entre trabalho manual e trabalho intelectual, a negação do direito a pensar, a articular-se e expressar suas concepções sobre o real e sobre as formas de transformá-lo, a tutela do Estado, de seus gestores, intelectuais e educadores sempre dispensando o povo de pensar porque eles pensam, decidem e falam em nome do povo tutelado e infantilizado, e, também e não menos importante, a negação da instrução, do domínio dos instrumentos básicos que a escola deveria garantir (ARROYO, 2012, p. 109).

É possível compreender que a educação escolar é reflexo das concepções hegemônicas da burguesia, que só permitem que a classe trabalhadora tenha acesso à escola e não à educação, como já enfatizado pelo Arroyo (2012). Sobre isso, Frigotto (1989) reforça que é preciso compreender a escola imersa em determinações sociais sobre o trabalho e a produção social e que é a partir dessas relações que se promove a gênese do conhecimento a ser produzido nas escolas. E acrescenta:

> Através do aprofundamento desse horizonte teórico talvez possamos avançar na compreensão do significado que tem, para a classe trabalhadora, o acesso ao saber elaborado e historicamente acumulado, mas, ao mesmo tempo, como um dado. É importante entender que este saber se produz dentro de relações sociais determinadas e, portanto, assume a marca dos interesses dominantes; ou seja, não se trata de um saber neutro (FRIGOTTO, 1989, p. 27)

A partir desse entendimento sobre as determinações sociais que atravessam o conhecimento produzido na escola, o lugar que educação escolar ocupa no cenário capitalista é uma relação que expressa força, poder, violência e submissão (FRIGOTTO, 1989).

Claramente, na atualidade, é possível observar o movimento contraditório das concepções sobre a relação educação e trabalho, como foi abordado no capítulo anterior. Retomando, há ainda uma divisão clara entre trabalho intelectual e manual e essa divisão é oriunda de outra divisão: a da sociedade em classes sociais.

Descendo ao concreto, a relação trabalho e educação é sentida pelos sujeitos que vivem as políticas sociais e educacionais na escola, no cotidiano das contradições, na divisão de classe, no mundo do trabalho. A tensão dessa relação é sentida, vivenciada e produzida e como Arroyo (2012) destaca: "Toda educação acontece entre sujeitos. É construtivo de toda prática educativa e cultural ser uma ação humana, de sujeitos humanos, daí estar sempre marcada pela diversidade de experiências culturais dos sujeitos que delam participam" (ARROYO, 2012, p. 165). Essa direção aponta para uma relação trabalho-educação com criadores da vida individual e social que é materializada e vivida na contradição, pelos sujeitos da escola a partir da práxis do Trabalho Pedagógico.

5.2 O Trabalho pedagógico

A categoria do Trabalho Pedagógico é desenvolvida pelo Grupo de Estudos e Pesquisa Kairós-UFSM e a partir das reflexões e discussões iniciadas no grupo, a pesquisadora buscou encontrar elementos na pesquisa e na própria categoria que fizessem sentido para explicar a realidade material dos estudantes, professores e técnico-adminstrativos.

Ferreira (2010) ao explicar a categoria do Trabalho Pedagógico (TP) salienta:

> Trabalho pedagógico é a produção do conhecimento, mediante crenças e aportes teórico-metodológicos escolhidos pelos sujeitos, que acontece em contextos sociais e políticos os quais contribuem direta ou indiretamente. Diretamente, porque perpassam o trabalho pedagógico. Indiretamente, quando não são explícitos, todavia, todo *trabalho pedagógico é intencional, político e, de algum modo, revela as relações de poderes que nele interferem* (FERREIRA, 2010, p. 2, grifo nosso).

Ferreira (2010) ainda salienta que os métodos utilizados buscam realizar um objetivo maior: a produção do conhecimento, para o desenvolvimento humano. Isso se dá a partir das relações que se estabelecem entre professores e estudante, técnico-administrativos e estudantes e estudantes e a própria instituição. Prioritariamente, o Trabalho Pedagógico acontece entre professor e estudante, porém pode ser desenvolvido por outros sujeitos pertencentes à instituição e que representem o projeto pedagógico institucional.

Frizzo, Ribas e Ferreira (2013) justamente reforçam as relações possíveis daqueles que realizam o TP, definindo como as "relações e processos que se estabelecem entre os sujeitos da escola, professores e estudantes, e o conhecimento apreendido por estes durante a vida escolar" (2013, p. 554). O TP acontece para que o objetivo: produção do conhecimento seja alcançada e se ofereça aos sujeitos a possibilidade de desenvolvimento político, ético e humano.

Sobre o Pedagógico e a produção do conhecimento, Ferreira (2017), em Trabalho Pedagógico na escola: sujeitos, tempo e conhecimentos, esclarece:

> Pedagógico é todo o pensar-agir da escola com o intuito de produzir conhecimento. Porém, não é pedagógico o pensar-agir, embora muito bem organizado, incoerente com a expectativa de produção do conhecimento dos sujeitos da aula. Percebe-se, então, não haver como dissociar uma concepção do pedagógico do espaço, do tempo e do trabalho realizado na escola. Pedagógico é a articulação desses fatores, objetivando a produção do conhecimento. Afinal, se os sujeitos-estudantes ingressam na escola é porque intencionam aprender. E aprender é um complexo movimento de linguagens em interlocução, subjetividades em interação e historicidades que se entrelaçam objetivando ampliar as compreensões de mundo, inserir-se cada vez mais na cultura e "genteificar-se" (em referência a toda obra de Paulo Freire), ainda mais (FERREIRA, 2017, p. 117).

As relações estabelecidas pelos sujeitos são as condições para que aconteça a produção do conhecimento e assim, o Trabalho Pedagógico. Esse objetivo maior – a produção do conhecimento – é cercado de intenções e por isso não é neutro. Mesmo que essas intenções sejam inconscientes, as relações estabelecidas demarcaram como o TP será realizado (FERREIRA, 2010). Essencialmente o TP acontece a partir das relações, pois "exige interação com outros sujeitos, possibilidade de linguagens em interlocução e conciliação entre a proposta e um referencial teórico-metodológico" (FERREIRA, 2010, p. 1).

A concepção do TP é alicerçada na concepção de trabalho, refletida por Marx e autores marxianos, como já discutida anteriormente. É necessário retomar o

entendimento que o Trabalho é essencialmente humano, como Marx em "O Capital"
descreve:

> O trabalho é, antes de tudo, um processo entre homem e natureza, processo
> este em que o homem, por sua própria ação, medeia e regula e controla seu
> metabolismo com a natureza. [...] Agindo sobre a natureza externa e
> modificando-a por meio desse movimento, ele modifica, ao mesmo tempo, sua
> própria natureza (MARX, 2013, p. 255).

Essa retomada é necessária para delimitar as concepções da relação trabalho e
educação. Saviani, (2011) no livro "Pedagogia Histórico-Crítica: primeiras
aproximações", descreve essas relações.

> Para sobreviver, o homem necessita extrair da natureza, ativa e
> intencionalmente, os meios de sua subsistência. Ao fazer isso, ele inicia o
> processo de transformação da natureza, criando um mundo humano (o mundo
> da cultura). Dizer, pois, que a educação é um fenômeno próprio dos seres
> humanos significa afirmar que ela é, ao mesmo tempo, uma exigência do e para
> o processo do trabalho, bem como é, ela própria, um processo de trabalho
> (SAVIANI, 2011, p. 11).

O humano torna-se humano pelo processo do trabalho, como "característica
essencialmente humana, como o que identifica o homem e o diferencia do restante da
natureza" (PARO, 2000, p. 29). E é por isso, pelo trabalho, que é possível
considerarmos o ser humano como histórico e social. É aqui que a relação trabalho e
educação se concretiza, ou seja, é pelo trabalho e a educação que o humano torna-se
humano. Um ser ativo, social e histórico.

A necessidade de explicitar essa relação vai ao encontro do trabalho pedagógico
como trabalho não material. Saviani (2011) e Paro (2000), com base em Marx,
problematizam essa complexidade do TP. Saviani (2011) faz a distinção entre trabalho
material e não material, situando o TP como trabalho não material. O trabalho não
material é aquele que tem como produto as idéias, os símbolos, atitudes, etc. Trata-se
da "produção do saber" (p. 12). O professor e o estudante num mesmo espaço de
tempo são produtores e consumidores da aula, ou seja, o trabalho pedagógico.

Paro (2000) ressalva que a aula não pode ser considerada como produto, mas
sim o próprio trabalho pedagógico. O autor vai ainda mais longe, considerando o TP
para além do ato de aprender, pois o educando não está somente na posição de

aprendente/consumidor. O estudante aqui é sujeito de trabalho, pois é sobre ele que se processa o trabalho pedagógico e que se transforma a partir dele e para além dele.

> [...] a resposta do educando nesse processo se dá de acordo com a sua especificidade humana, que é ao mesmo tempo natural e transcendência do natural. É, pois, uma participação *ativa*, enquanto ser histórico. Em vista disso, o papel do educando no processo de produção pedagógico se dá não apenas na condição de consumidor e de objeto de trabalho mas também na de *sujeito*, portanto de *produtor (ou coprodutor)* em tal atividade (PARO, 2000, p. 32, grifos do autor e nosso).

Seria então o TP o condutor que proporciona ao estudante a transformação, pois necessariamente ele sai diferente do que entrou. A possibilidade de transformação foi encontrada nas visitas aos *campi* do Instituto. No final do ano de 2016, período da produção de dados foi possível perceber a mobilização com as ocupações das Instituições. As ocupações denunciavam e faziam resistência às propostas de grandes cortes na educação, materializadas na PEC 55, do governo Temer.

Figura 4: Fotografia do cartaz no *Campi* 2.

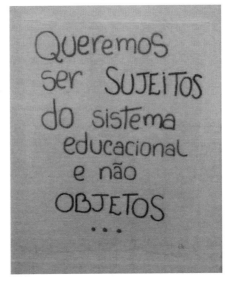

Fonte: Autora

Ainda no relato produzido através do Diário de Campo, sobre os aspectos físicos do ambiente, é destacada a organização dos "cartazes sobre a ocupação, como defesa da educação pública, contra o machismo, a opressão, o racismo" (Diário de Campo 21/11/16). E ainda sobre a integração dos estudantes:

> Quando cheguei ao campus percebi que o movimento das ocupações fazia um importante movimento de integração. No refeitório os estudantes debatiam sobre as ocupações, em um dos prédios os estudantes estavam sentados, tocando violão. Ao lado estavam os colchões empilhados e roupas de cama, demonstrando o espaço físico do qual estavam ocupando. Quando adentrei nesse prédio, os estudantes solicitaram o meu nome e para onde eu ia. Disse meu nome e qual o meu objetivo. Conversamos brevemente e pude entrar e sair do prédio. (Diário de Campo- Campus 2- 21/11/16).

Nesse pequeno relato é possível perceber os movimentos de resistência, de integração, de transformação, sinalizando mais uma vez o que Paro (2000) afirmou: "se o processo de trabalho pedagógico se realizou a contento, consideramos que o educando que "sai" do processo é diferente daquele que aí entrou" (p. 33). Esse processo é construído dialeticamente, numa contínua negociação de sentidos.

Porém é preciso lembrar que muitas vezes essa saída é precoce, denominada evasão. E assim questiona-se: O TP é subordinado ao capital? Quais as contradições que revelam essas relações? É possível ser sujeito no sistema educacional alicerçado no capitalismo?

Partindo da relação do trabalho e da educação como próprio do humano até as contradições que a escola capitalista duramente impõe aos sujeitos da escola, Frizzo Ribas e Ferreira (2013) farão uma análise sobre essas contradições que se expressam na escola capitalista. Para os autores é possível afirmar que o disciplinamento e a empregabilidade são duas categorias que organizarão o TP na escola capitalista. Sobre essa relação entre sujeito e objeto Frizzo, Ribas e Ferreira (2013) avaliam.

> O capital contribui para intensificar a exploração da força de trabalho, através da lógica da formação profissional em detrimento da formação humana, por exemplo. Esse é o imperativo que tem organizado o modo como a escola capitalista tem se estruturado, contribuindo para transformar os sujeitos do trabalho pedagógico em objetos, ao reduzir a produção do conhecimento escolar em produção da mercadoria força de trabalho (FRIZZO, RIBAS e FERREIRA, 2013, p. 558).

Nesse sentido que o TP assume duas possibilidades, uma relacionada ao fazer do estudante objeto e outra, sujeito. O TP organizado conforme a escola capitalista, ou seja, que preze pelo disciplinamento e a empregabilidade (FRIZZO, RIBAS e FERREIRA, 2013) terá como resultado e processo a evasão e a retenção. A lógica de que os "melhores vencem" estará perfeitamente condizente com a escola capitalista. Nesse caso, os estudantes, evadidos e repetentes são os que não foram suficientemente disciplinarizados e nem considerados os melhores.

O disciplinamento é sentido por todos que se inserem na linha de montagem educacional, tanto pelo estudante como pelo próprio professor. A finalidade do TP, nessas condições, é a empregabilidade, a vida produtiva e social ditados pelo capitalismo. (FRIZZO RIBAS e FERREIRA, 2013) Assim "o tempo de aprendizagem não tem valor por si mesmo, tornando-se preparação para a "verdadeira vida", ou seja, o trabalho capitalista fora da escola [...]" (FRIZZO, RIBAS e FERREIRA, 2013).

Os sentidos que a educação ofertada pelo Instituto Federal tem para os estudantes participantes da pesquisa, vai ao encontro da concepção "preparação para a vida". Essa questão é observada nos questionários aplicados aos estudantes, com a pergunta sobre quais eram os fatores para continuar estudando no IF Farroupilha. Algumas respostas como:

> *"Gosto do curso e tenho expectativas para o futuro nessa área", "no futuro ter um emprego melhor e que ganhe mais", "o IF Farroupilha tem um ótimo ensino, pois os alunos já saem treinando para o trabalho e os professores são bem qualificados", "para melhor facilitar minha vida e poder me preparar para o futuro", "aprimorar conhecimento, para ter um futuro brilhante", "buscar conhecimento, para chegar preparado no mercado de trabalho", "garantir meu futuro", "conhecimento, assim proporcionando um futuro melhor, com maiores chances de ingresso na área de trabalho", "preciso estudar para no futuro conseguir uma melhor carreira profissional", "meu futuro" (Estudantes dos Cursos Técnicos Integrados e Subsequentes).*

É possível perceber que o disciplinamento foi necessário para que o futuro, leia-se, empregabilidade, seja mais possível. Essa é a concepção dos jovens estudantes dos cursos técnicos sobre a educação ofertada e os motivos que fazem deles permanecer na Instituição. A relação educação e trabalho são separados, ora para estudo, ora para no futuro, trabalhar. Frizzo, Ribas e Ferreira (2013) retomam que as intencionalidades da escola estão alicerçadas na perspectiva do vir a ser, na ideia de que a educação hoje servirá para a possibilidade do trabalho amanhã. A fragmentação da educação e do trabalho está posta e assim "esses aspectos do disciplinamento se definem como estruturantes de uma subjetividade que interessa aos mecanismos de exploração e aceitação impostos pelo modelo de produção atual" (FRIZZO, RIBAS e FERREIRA, 2013, p. 561). Como também explica Kuenzer (2002), baseada nos estudos de Marx e Engels, sobre a divisão capitalista.

> Se o fundamento deste novo tipo de trabalho é a fragmentação, posto que, da manufatura à fábrica, o gozo e o trabalho, a produção e o consumo caibam em indivíduos distintos (Marx e Engels, s.d.), tanto as relações sociais e produtivas como a escola, educam o trabalhador para essa divisão. Em decorrência, a ciência, e o desenvolvimento social que ela gera, ao pertencerem ao capital, aumentando a sua força produtiva, se colocam em oposição objetiva ao trabalhador; assim, o conhecimento científico e o saber prático são distribuídos desigualmente, contribuindo ainda mais para aumentar a alienação dos trabalhadores (KUENZER, 2002, p. 3).

Tanto o disciplinamento, quanto a empregabilidade fazem parte da organização do TP subordinado ao capital. E esse disciplinamento será necessário para que se concretize a empregabilidade e não para o emprego ou trabalho, apenas uma expectativa para tal. Como o objetivo de desenvolver "capacidade flexível de adaptação individual às demandas do mercado" (FRIZZO, RIBAS e FERREIRA, 2013, p. 562).

Kuenzer (2002) no artigo que aborda a Exclusão Includente e a Inclusão Excludente, retomando as propostas da pedagogia toyotista e da pedagogia socialista, a autora analisa o quanto o trabalho pedagógico reproduz as contradições presentes no capitalismo, visto que reafirma o disciplinamento na vida educacional, social e produtiva. Especialmente a formação oferecida aos estudantes está diretamente relacionada às necessidades e valorização do capital. Sobre o TP, Kuenzer (2002) afirma:

> [...] em uma sociedade dividida em classes, onde as relações sociais são de exploração, ele desempenhará a *função de desenvolver subjetividades tais como são demandadas pelo projeto hegemônico*, neste caso, o do capital. Neste sentido, pode-se afirmar que a *finalidade do trabalho pedagógico*, articulado ao processo de trabalho capitalista, é o *disciplinamento para a vida social e produtiva*, em conformidade com as especificidades que os processos de produção, em decorrência do desenvolvimento das forças produtivas, vão assumindo (KUENZER, 2002, p. 5, grifo nosso).

Mas ainda questiona-se além: seria possível um TP que favorecesse a condição humana, numa perspectiva crítica da educação?

Na Tese de Doutorado de Maraschin (2015) a autora elabora duas concepções sobre o trabalho pedagógico. Uma delas é o TP Ingênuo e outra, TP crítico. O TP ingênuo é aquele baseado numa concepção alienada, de uma Pedagogia que compreendia que o conhecimento era transmitido do professor ao aluno. Inversamente, o TP crítico é aquele que permite que estudantes e professores construam dialeticamente a educação, conscientes do espaço que ocupam, histórico e socialmente.

Maraschin (2015) defende que a concepção crítica do TP é aquela em que esse "se adapta as condições dos estudantes, às suas imediatas possibilidades de ascensão cultural" (p. 59). Ou seja, é possível que o TP favoreça a condição de humano, que permita ver a educação numa perspectiva para além do disciplinamento e da empregabilidade. Permite ainda, compreender os sujeitos dessa relação, a partir da sua história, do espaço concreto que ocupam na sociedade, das suas condições de vida. A autora acrescenta:

> Sendo que no trabalho pedagógico ingênuo, o estudante é visto como "ignorante" em sentido absoluto, como "objeto" da educação, a educação é concebida como transferência de um conhecimento finito e como dever moral da fração adulta, educada e dirigente da sociedade. [...] Já no trabalho pedagógico crítico, o estudante é visto como sabedor e desconhecedor, é "sujeito" da educação e a educação consiste em uma nova proporção entre conhecimento e desenvolvimento (MARASCHIN, 2015, p.258-259).

Retomando o cartaz colado na parede de um dos *Campi* pesquisado, a voz desses estudantes é expressa: "queremos ser sujeitos do sistema educacional e não objetos". O TP desejado por esses é também por um TP crítico, que a produção do conhecimento leve ao desenvolvimento de todos os sujeitos que dele participam (FERREIRA, 2017).

É a partir da construção coletiva do TP que é possível observar na prática, como as políticas educacionais, nesse caso, a política de Educação Profissional e Tecnológica, vão adquirindo concretude. É possível que os vínculos que se estabelecem entre os sujeitos da escola possam diminuir os índices de evasão, pois seria possível o entendimento do processo educativo numa perspectiva histórica e crítica da sociedade (MARASCHIN, 2015).

Assim entendendo o TP, o elemento relacional que permite a produção do conhecimento e o desenvolvimento humano, ético e político, propõe-se refletir as relações possíveis entre o TP realizado pelos professores e equipe pedagógica dos *campi* e a Permanência, o Êxito e o fracasso dos estudantes.

6 AS INTERVENÇÕES NO PROCESSO DE PERMANÊNCIA E ÊXITO: O TRABALHO PEDAGÓGICO E AS RELAÇÕES CONSTRUÍDAS

As intervenções no campo da permanência e êxito ainda não são suficientemente desenvolvidas no campo da Educação Profissional e Tecnológica. Essa seção tratará de pesquisas anteriores que apontam algumas possibilidades de intervenções para a evasão e retenção relacionando com as ações desenvolvidas pelo PPE. Ainda serão discutidas as possíveis relações entre o Trabalho Pedagógico e o fracasso ou sucesso escolar.

6.1 As ações do IF Farroupilha no processo de Permanência e Êxito

Para que as políticas de intervenção institucionais atinjam seus objetivos é necessário conhecer seus contextos, seus sujeitos, bem como os fatores que contribuem para evasão e retenção. Na pesquisa desenvolvida por Dore, Sales e Castro (2014), o mapeamento das causas que levam ao abandono tem como resultado o perfil desse estudante propenso a evadir da escola. E então, é a partir desse resultado, que as instituições podem investir em políticas que busquem a prevenção dessa adversidade.

Nesse sentido, Dore e Luscher (2011) também reforçam a necessidade que as ações sejam desenvolvidas precocemente. Isso é possível a partir de um acompanhamento individual dos estudantes que estão em risco de evadir. Dore e Luscher (2011) abordam, detalhadamente, três principais agentes que podem atuar preventivamente na prevenção.

> 1) O sistema de ensino, que deve assegurar a diversidade de escolhas à população que deseja ou precisa retornar à sua formação; 2) as instituições escolares, que devem buscar soluções para os problemas que estão na sua área de competência; e 3) o sistema produtivo, que deve estimular o jovem a retomar seu processo formativo (DORE e LUSCHER, 2011, p. 777).

As ações desses três agentes podem colaborar para que a evasão e a retenção tornem- se cada vez menos problemáticas para os sistemas de ensino, tomando como central o segundo agente: as instituições escolares. Essas deverão propor ações para serem desenvolvidas pelos sujeitos da escola a partir do PPE. Essas ações, aqui problematizadas, servirão para refletir sobre o Trabalho Pedagógico desenvolvido nos Campi de Júlio de Castilhos e São Vicente do Sul.

As ações planejadas no PPE foram organizadas conforme os fatores para evasão: fatores individuais dos estudantes e fatores internos e externos à instituição (ANEXO B). As ações previstas para os fatores internos são o desenvolvimento de programas de acolhimento, proposição de espaços de interação entre instituição, família e comunidade externa, divulgação da instituição e dos cursos, desenvolvimento de ações para diminuir as dificuldades pedagógicas, ações da Assistência Estudantil, como ampliação dos serviços de saúde, auxílios e bolsas de iniciação científica e a implantação de uma política de atendimento ao egresso (IF FARROUPILHA, 2014).

Para os fatores internos e externos à instituição, as estratégias são: elaboração de Diretrizes Institucionais, programas de integração, políticas de atendimento ao discente, agilidade e transparência nos processos de gestão, formação dos servidores e formação continuada para os professores das Redes Públicas Municipais e Estaduais de ensino. Além dessas estratégias, o programa prevê ações de sensibilização e formação dos servidores para com a permanência e êxito dos estudantes (IF FARROUPILHA, 2014).

A partir da produção dos dados sobre as ações desenvolvidas pelo PPE foi possível categorizá-las em dois tipos: as ações práticas e ações reflexivas. As ações práticas vão ao encontro de estratégias mais objetivas de intervenção, como monitorias, recuperações paralelas, entre outras. E as ações reflexivas dão conta dos processos de formação de professores, encontro com as famílias, etc. As ações reflexivas partem da reflexão sobre as concepções sobre a permanência e êxito dos estudantes, aprendizagem, desenvolvimento humano, saúde, etc., conforme quadro 3.

Quadro 3- Ações práticas e reflexivas realizadas pelos *Campi*

Campus 1		Campus 2	
Ações práticas	**Ações reflexivas**	**Ações práticas**	**Ações reflexivas**
- Monitorias; - Recuperações Paralelas; - Atividades de nivelamento em sala de aula;	- Apoio pedagógico; - Encontros com a família; - Projetos de ensino; - Trabalho da assistência estudantil; - formação de professores; -Dinâmica de autoconhecimento com os estudantes.	- Monitorias; -Recuperações paralelas; - atividades de nivelamentos;	- Atividades de acolhimento e integração dos estudantes; - Apoio pedagógico; - Trabalho da assistência estudantil; - Criação de uma rede de comunicação dos atendimentos aos estudantes; - Projeto de pesquisa sobre a permanência e êxito; - Reunião de pais; - Práticas Profissionais Integradas;

Fonte: Autora.

As ações práticas citadas pelos sujeitos da pesquisa foram descritas como:

> Sobre as ações desenvolvidas pelo PPE no campus, eles relatam as monitorias, as atividades de nivelamento, recuperações paralelas, as ações já

estavam sendo feitas antes do PPE. Algumas ações se intensificaram. (Relato
da entrevista com Coordenadores de Eixo- Campus 2)

Esse discurso retrata o desenvolvimento de ações que envolvem a recuperação de conteúdos, porém, o próximo relato afirma que essas ações não estão atingindo o esperado.

É ofertada a monitoria, é ofertada atividade de recuperação, é ofertado a
possibilidade deles resgatarem aquele conhecimento, então tudo isso é
ofertado, mas não esta surtindo efeito na nota (Coordenador (a) de Eixo-
Campus 1).

As ações mais práticas, por si só, não darão conta da permanência e êxito do estudante. Por isso a necessidade da relação com ações que proponham a reflexão sobre o que é permanência, êxito, reprovação, avaliação, etc.

Esse ano a gente trabalhou muito com os pais e alunos. Várias reuniões com
pais e alunos. A gente trabalha muito com eles em sala de aula, no sentido de
resgatar conteúdos, o que esta acontecendo, trabalhamos com monitorias.
Trabalhamos toda essa parte, junto ao aluno e aos pais. Esse ano a gente
focou bastante, nós tivemos muitas reuniões com pais e alunos
(Coordenador(a) de Eixo- Campus 1)

Outro sujeito, trabalhador também do Campus 1, relata as ações que aconteceram com a família e com os docentes.

Uma questão importante em termos de ação é que nos não focamos somente
no aluno, a gente procurou fazer um trabalho junto aos docente. Primeiro,
mostrar o que era o programa e, na medida do possível, engajá-los a participar
das ações e uma coisa que aconteceu para além do conselho de classe, que é
um momento pontual, que a gente vê a questão de rendimento do aluno, mas
os professores não ficavam limitados ao conselho de classe. [...] a gente
começou a pensar por que o programa: onde ele quer chegar, quais são as
pessoas envolvidas. Então não é somente o aluno, não é somente a escola,
não é somente o professor. Se a gente não tiver a família, a família não abraçar
a causa... Então a gente fez um trabalho com os pais (Coordenador (a) do PPE-
Campus 1)

Embora essa ação de encontros com a família seja caracterizada como reflexiva é preciso atentar para as contradições que nela se encontram. Na pesquisa de Silveira e Brittes (2017), realizada em um dos *campi* do IF Farroupilha, analisou a participação da família e as relações com a evasão escolar. A pesquisa demonstrou que há uma imposição de significados, da gestão escolar, sobre o papel dos pais no desenvolvimento dos filhos e ainda que a participação da família está condicionada a normatização do estudante e suas famílias. Ou seja, a participação da família foi observada como passiva, reduzida ao recebimento das notas do estudante. E para a família, o significado de participação está vinculado ao problema, à reclamação (SILVEIRA e BRITTES, 2017).

Em outro relato, de outro *Campus*, o acolhimento inicial do estudante foi uma ação tida como principal.

> *Então a gente focou na questão do acolhimento, porque tínhamos uma grande dificuldade, pois os alunos chegavam aqui e ficavam até certo tempo e começavam a evadir. E a gente começou a detectar quais, porque, quais as causas dessas desistências, dessas transferências, dessas evasões, e detectamos que num primeiro momento faltava esse acolhimento. A gente chama os alunos, uma semana antes, principalmente os do primeiro ano, faz um trabalho de reconhecimento, de toda instituição, de todos os setores da direção de ensino, de todos os outros setores, das outras diretorias, se organizam para recebê-los, para explicar, falar de cada setor. Fazemos atividades de integração entre eles, entre os professores e também isso cabe aos alunos dos outros anos e dos superiores também (Coordenador(a) do PPE- Campus 2)*

Outra ação que foi realizada especificamente com os estudantes dos Cursos Integrados é um momento de autoreflexão dos estudantes, sobre suas identidades.

> *Outra ação também é o trabalho dos professores em sala de aula, o trabalho pedagógico. Nós temos na área de língua portuguesa, por exemplo, o trabalho de construção de memoriais, que a professora trabalha com eles, que ajuda assim para que eles se sintam pertencentes à instituição. Mostrar como eles são, as suas identidades, então a professora faz esse trabalho que nos ajuda a entender a realidade dos nossos alunos(Coordenador(a) do PPE- Campus 2).*

E no *Campus* 1 essa ação também foi realizada.

> *A gente fez vários momentos com os alunos, a gente fez várias dinâmicas, primeiro assim uma dinâmica junto com os alunos, para que eles tivessem um autoconhecimento da posição deles, do que eles eram dentro da escola,o porquê eles estavam ali, qual era a pretensão deles, o que eles esperavam da escola. Isso foi muito bom (Coordenador(a) do PPE- Campus 1)*

As ações são a materialização do PPE no cotidiano dos *Campi*. É a partir delas que os estudantes poderão ter o acesso, a permanência e a conclusão de forma assegurada. Os discursos mostram dois movimentos, que ora se cruzam e ora são paralelos. São ações desenvolvidas de cunho prático, que focam o aprendizado de determinado conteúdo, tido como uma lacuna para o estudante e aquelas ações que propõem uma reflexão, que cruzam com as questões de ordem prática, mas que pretendem um novo movimento práxico, que vise à transformação.

Outro objetivo desta pesquisa é a comparação do desenvolvimento da política de permanência e êxito e do Trabalho Pedagógico nos Cursos Integrados e Subsequentes. Para essa análise é preciso retomar as duas formas descritas na Lei n. 9394/96 e suas concepções. A referida Lei considera a que a educação profissional técnica de nível médio possa ocorrer de duas formas: articulada ao Ensino Médio ou Subsequente. Dentre a forma articulada, poderá ocorrer de forma integrada, na qual o estudante realiza a formação técnica e básica na mesma instituição, com matrícula única e a forma concomitante, quando o estudante possui duas matrículas, uma para a formação técnica e outra para a formação básica.

É importante ressaltar que a Lei 11.892/2008, que cria os Institutos Federais de Educação e Tecnologia preconiza o oferecimento dos Cursos Integrados ao Ensino Médio, conforme descrito no inciso I, do artigo n. 7: "ministrar educação profissional técnica de nível médio, prioritariamente na forma de cursos integrados, para os concluintes do ensino fundamental e para o público da educação de jovens e adultos" (BRASIL, 2008, p.4). E essa forma de ensino deve ser prioridade, devendo oferecer no mínimo 50% das vagas.

As formas de ensino técnico médio, abordadas nessa pesquisa, atendem estudantes que já concluíram a formação básica, o Ensino Médio, e querem realizar uma formação técnica e estudantes que ainda estão realizando sua formação básica e que buscam nos Cursos Integrados a oportunidade de realizar a formação básica e técnica com somente um currículo.

Sobre essas duas formas de ensino, Simões (2010), quando escreve sobre a formação técnica de jovens trabalhadores, retoma as concepções que envolvem a educação técnica. De um lado uma concepção de formação como reciclagem, readaptação, a qual está "imediatamente" relacionada ao mundo do trabalho e, de outro, uma concepção de formação na perspectiva de desenvolvimento humano, "mediatamente" relacionada ao mundo do trabalho. A concepção de formação humana está ligada ao conhecimento da técnica e suas relações com a cultura, o trabalho e a ciência. Como resultado dessa dualidade de concepções, é possível perceber hoje uma proposta de ensino, ora relacionando-se com a educação tecnológica, ora com a qualificação profissional.

Ciavatta (2012) quando retoma a historicidade da formação integrada apresenta alguns pressupostos para realização da formação integrada e humanizadora:

> a) O primeiro pressuposto da formação integrada é a existência de um projeto de sociedade [...] b) Manter, na lei, a articulação entre o ensino médio de formação geral e a educação profissional [...] c) A adesão de gestores e de professores responsáveis pela formação geral e pela formação específica [...] d) Articulação da instituição com os alunos e familiares [...] e) O exercício da formação integrada é uma experiência de democracia participativa [...] f) Resgate da escola como um lugar de memória [...] g) Garantia de investimentos na educação. (CIAVATTA, 2012, p. 98-102).

A partir desses sete pressupostos, é possível observar as orientações sobre o projeto da educação integral. Desde a possibilidade que emerge dessa forma de educação: a superação do dualismo de classes; manutenção da prioridade pelo currículo integrado; políticas educacionais, não somente de acesso, mas de permanência também; ampliação das discussões para incluir a família e os próprios estudantes; trabalhadores da educação abertos à concepção de currículo integrado e até recursos financeiros capaz de oferecer uma educação pública de qualidade (CIAVATTA, 2012).

Ramos (2012) no artigo "Possibilidades e desafios na organização do currículo integrado" aborda as dicotomias do sistema educacional, especialmente dos currículos da EPT. Os pressupostos que orientam o currículo integrado tem como base a formação humana que tenha como eixo o trabalho, a ciência e a cultura e isso significa superar a dicotomia entre educação básica e educação técnica. Além disso, que a

118

formação desses jovens tenha o princípio educativo, para que ele seja capaz de compreender e transformar a realidade econômica, social, política, histórica e cultural que vive. Algumas contradições que se mantiveram pelo Decreto n. 5.124/2004 foram discutidas no capítulo 3. E uma dessas é a manutenção da forma dos Cursos Subsequente, porém como sinaliza Moura (2010) essa forma de ensino ainda é uma possibilidade de emancipação.

> Compreende-se que a forma subsequente – cursos técnicos de nível médio destinados a quem já concluiu o EM – justifica-se pelo fato de que há muitos jovens e adultos que concluíram o EM propedêutico de baixa qualidade e que não vão para o ES, nem têm condições de inserção em atividades complexas, entre as ocupações de nível médio. Assim, em razão dessa distorção, que é fruto da incapacidade do Estado brasileiro de garantir educação básica com qualidade para todos, os cursos técnicos subsequentes podem contribuir para melhorar as condições de inserção social, política, cultural e econômica desses brasileiros (MOURA, 2010, p. 882).

Ainda é possível vislumbrar um caráter emancipatório para os estudantes dos cursos técnicos subsequentes, visto que a formação do ensino médio propedêutico não supriu as demandas para melhorar as condições de cidadania, como reforçou Moura (2010). Ou seja, mesmo que essa seja uma modalidade que se manteve nos dois decretos, oriundos de concepções diferentes sobre a educação profissional, ainda é possível compreender a formação subsequente como uma forma de diminuir as desigualdades ou até mesmo diminuir as chances de que esses jovens ingressem no mundo de trabalho de forma precarizada (MOURA, 2010).

No intuito de iniciar essa discussão, sobre os cursos integrados e subsequentes será apresentado alguns índices sobre a evasão e retenção para ambas as formas de curso. Esse levantamento foi realizado pelo IF Farroupilha para compor o Relatório solicitado pela SETEC no final de 2015. Aqui serão tomados como base, os dados de 2014.

Gráfico 9: Taxa de evasão e retenção nos Cursos Integrados e Subsequentes.

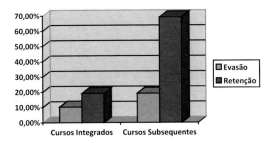

Fonte: Relatório do Programa Permanência e Êxito (IFFARROUPILHA, 2015)

É possível observar que as taxas de retenção são maiores nas duas formas de ensino e que a e evasão, obtém índices menores, em relação à retenção. A partir desse gráfico é possível compreender que os índices de evasão e retenção são maiores nos cursos subsequentes e a partir dessa questão que serão analisadas as ações dos *campi* para com essas duas formas de ensino técnico.

Durante as entrevistas com os coordenadores do PPE e dos Eixos Tecnológicos, foi questionado sobre o TP realizado nos cursos integrados e subsequentes. Alguns entrevistados apontam algumas direções, como os relatos abaixo:

> No integrado eles tem uma diferença que eles precisam estar aqui, porque são *"de menor"*. Embora a gente saiba que não podemos pensar dessa maneira, que eles são obrigados a estar aqui, ninguém tem uma corrente amarrada ao tornozelo. O subsequente eles não precisam estar aqui, eles querem estar aqui. Já terminaram o ensino médio e estão buscando uma formação técnica. **Só que o trabalho do integrado é mais fácil, são alunos que tem uma capacidade de aprendizagem muito maior do que dos subsequentes.** É fácil dar aula para eles, é mais fácil de ensinar um conteúdo, é mais fácil deles... Eles aprendem mais facilmente. No subsequente eles já terminaram o ensino médio, passaram por vários processos de seleção, uma boa parte deles não foi selecionada e eles conseguiram ver no subsequente mais uma oportunidade, então eles precisam de um, vou falar uma palavra feia agora, **tempo pedagógico maior.** *Risos.* Então tem essa diferença, sim. No final o resultado pode até ser bem parecido, mas um esforço muito maior nosso, para se tenha esse resultado (Coordenador(a) de Eixo- Campus 1, grifo nosso).

Outro relato:

> Nos cursos integrados há uma maior preocupação com os alunos.

120

(Coordenador(a) de Eixo- Campus 2)

Outra entrevista também ressalta a diferença do TP realizado nos cursos integrados e subsequentes.

> É bem diferente. Eu vejo assim: eu aqui no lugar de coordenadora geral de ensino e já certo tempo como docente, não só aqui na instituição, mas em outras. Eu vejo que a realidade do instituto é uma diversidade muito grande, por que **o que se pensa num curso integrado não é a mesma coisa do subsequente**. Por que o aluno do subsequente já vem com conceitos, com aprendizagens do ensino médio, ele esta ali para aprender uma parte técnica, claro que ele precisa utilizar os conceitos do ensino médio, para completar a parte profissional. E os alunos do médio, não. Eles vêm, eles tem uma carga de trabalho, de carga horária mesmo, bastante pesada, bastante consistente, que eles tem que dar conta de conceitos básicos, eles tem que dar conta com os conceitos da educação profissional. É interdisciplinar esse processo, embora a gente separe tudo por disciplina, para organizar, mas o processo de compreensão é integrado. **Então é diferente o trabalho pedagógico do integrado e eu vejo que a gente se dedica muito mais, a gente que eu digo, é instituição, o setor de apoio pedagógico, muito mais aos cursos integrados**. O trabalho do subsequente é acompanhado, nós temos os conselhos de classe com os subsequentes. Esse mesmo trabalho que é feito de acompanhamento de alunos é diferente porque os alunos são maiores de idade [..]. Então eu vejo que é sim, diferente o trabalho pedagógico.(Coordenador(a) do PPE- Campus 2- grifo nosso).

Outro entrevistado retoma as ações de adaptação, como diferentes para o integrado e para o subsequente.

> Nos cursos integrados, especialmente nas primeiras séries há necessidade de se fazer um trabalho mais focado na adaptação dos estudantes à escola. Eles são novinhos e estão saindo de casa pela primeira vez. Já nos subsequentes não há muita dificuldade de adaptação, pois já são maiores. (Coordenador de Eixo- Campus 2).

A partir desses relatos é possível compreender as ações e o desenvolvimento do TP de forma diferenciada nos cursos integrados e subsequentes. O primeiro relato intensifica a necessidade do maior esforço do professor para que os alunos dos cursos subsequentes alcancem os conhecimentos necessários para a formação técnica. Isso é compreendido pelo que Moura (2010) sinaliza: a deficiência do Estado brasileiro de promover o Ensino Médio com qualidade e dessa forma a formação dos conceitos da educação básica fica comprometida, refletindo na formação técnica posterior.

Diferentemente do que preza a política de integração curricular, com os Cursos Integrados. Os estudantes adquirem os conhecimentos baseados nos eixos do trabalho, ciência e cultura de forma integrada, na perspectiva de superação da dicotomia entre educação básica e educação técnica (RAMOS, 2012). Porém, a contradição da política aparece no cotidiano dos Institutos Federais, nos índices de evasão e retenção, por exemplo.

Como os estudantes dos Cursos Integrados ocupam 50% da oferta de vagas nos Institutos Federais e são em grande parte adolescentes, há um maior envolvimento dos *campi* com esses estudantes. Diferente dos Cursos Subsequentes, que geralmente são estudantes maiores de 18 anos. Em contrapartida, os índices de evasão e retenção são maiores nos cursos Subsequentes, quase quatro vezes maior em relação à retenção dos Cursos Integrados. Isso indica a necessidade da instituição atentar também para esse público, visto que são estudantes que já foram marginalizados durante a sua formação básica e estão nos cursos subsequentes para diminuir as chances de continuarem em trabalhos precarizados. Moura (2010) ainda retoma as condições históricas do Ensino Fundamental e Médio no Brasil e intensifica a necessidade de políticas educacionais que, no mínimo, reduzam consideravelmente os índices de abandono escolar, para que assim os brasileiros passam ter maiores chances de inserção digna na sociedade.

Dessa forma, mesmo que o foco dos Institutos Federais seja os Cursos Técnicos Integrados e que houve uma importante ampliação dessa forma de ensino e talvez por isso, menores índices de evasão e retenção, é preciso compreender que os Cursos Subsequentes ainda são uma oportunidade de adentrar no mundo do trabalho de uma forma menos precarizada, como Moura (2010) ressaltou.

Nesse sentido, sobre as dificuldades e desafios do PPE, os participantes apontaram algumas situações, como a defasagem de conhecimentos dos estudantes em relação à educação básica anterior. Um(a) coordenador(a) reforça essa questão em vários momentos da entrevista e elenca que esse é o maior desafio para a permanência e êxito dos estudantes.

Eu acho que é isso mesmo. Tentar inseri-los, pois dizemos que o primeiro ano é de muitos desafios dentro de uma turma. Geralmente se diz que é mais tranquilo se trabalhar com o segundo e terceiro ano. Os professores falam que os alunos não passeiam em sala de aula, porque eles já sabem como funciona, absorveram aquilo que a gente passou. E o nosso desafio mesmo está no primeiro ano. É nosso dever conseguirmos resgatar toda aquela bagagem que eles não tiveram que hoje, para nós, está muito difícil. É um grande desafio. Ao receberem um texto, geralmente não conseguem interpretar, uma conta básica da matemática,alegam nunca terem visto. Então isso começa a nos assustar. Só que isso é base para eles conseguirem ler uma questão de interpretação, de programação ou ler uma questão de física e tirarem os dados. Então isso está refletindo em todas as outras disciplinas. Então não é um problema isolado e como concluímos: o ensino é integrado e está refletindo de modo geral (Coordenador(a) do Eixo- Campus 1, grifo nosso).

Outro relato aborda questões como as lacunas na formação anterior e a necessidade de que as ações do PPE sejam integradas.

*Eu vejo assim, que é de dificuldade como já foi dito, é a **integração**, na realidade [..]. Então eu acho que não conseguimos, a nossa maior dificuldade é **articular as ações**. É fazer com que todos estejam envolvidos nesse processo. O que não quer dizer que todos não estejam trabalhando para isso, mas há envolvimento, ainda de uma maneira fragmentada. Eu vejo assim, é uma análise minha, que o que acontece em um eixo não é a mesma coisa que acontece em outro. Nós temos o eixo de recursos naturais, que envolve o curso de agropecuária, integrado e da agricultura e zootecnia, subsequente, tem uma visão, uma concepção, o grupo do eixo de informação e comunicação, tem o MSI integrado e o de informática, subsequente, é outra concepção. As ações necessárias não podem ser as mesmas. E, às vezes, a gente não consegue fazer isso. Às vezes parece que nós ficamos olhando daqui, olhando as coisas, às vezes eu vejo que há uma dificuldade de integração de ações. **Embora a gente faça muita coisa, isso que eu te disse, são ações articuladas, mas a gente precisa pensar sobre essa permanência e no êxito pro aluno, ainda tem essa fragilidade na questão da integração.** [...] Então as ações precisam ser pensadas diferentes, e eu vejo que essa dificuldade existe, de gestar tudo isso, de organizar, de sistematizar todas essas ações. Acho que essa é a nossa grande dificuldade. E a lacuna é **acompanhar mais os cursos superiores**, pois eles necessitam tanto desse acompanhamento dos outros cursos, que a gente imagina, com a idéia de universidade, que a gente teve a formação, que o aluno é adulto, que ele sabe para onde ele vai e ele sabe o que quer, não é real, eles chegam aqui com muitas dúvidas, com muitas dificuldades, querendo acompanhar. Nós tivemos alunos que tiveram formação em EJA, que tem algumas lacunas, de escolas do interior, que tiveram **lacunas na formação** também e que eles são nossos alunos e que a gente precisa dar conta. E fazer esse, também não gosto da palavra do tal nivelamento, acho que ninguém fica nivelado a nada, mas assim, ver quais as lacunas desses alunos e trabalhar a gente não consegue também. Essas são as grandes dificuldades que a gente tem, mas tem muitos desafios pela frente, muita coisa para ser feito, mas o programa acho que é fundamental para auxiliar nesse sentido (Coordenado (a) do PPE- Campus 2, grifo nosso).*

A formação docente também foi apontada por um dos entrevistados.

*Muitos desafios e dificuldades, e no meu entendimento, é fruto da **formação docente, preocupados com a sua área e não na formação integral,** a* *identidade com o IFFar, professores novos, mudanças seguidas de PPCs. Para melhorar muita formação e comprometimento. (Coordenador (a) de Eixo-Campus 2, grifo nosso).*

Outro coordenador de eixo retomou a importância das ações do PPE estarem integradas às atividades de ensino, pesquisa e extensão.

*Acho que o PPE já foi uma iniciativa. Acho que o próximo passo seria desburocratizar as coordenações. **Nós deveríamos trabalhar mais pensando no ensino e não na parte burocrática**. Por exemplo, agendar banca de estágio, nós temos setores que fazem isso. As ações do PPE foram um papel importante, ela pode sim servir como base para que a direção de ensino, veja que nós temos que ser muito mais estimulados em ações de ensino. Ah mas então vamos deixar de lado a pesquisa? não. A pesquisa pode ser uma atividade de ensino, a partir do momento que tu trabalha um questionário de pesquisa e aplica esse questionário na cidade. Por exemplo, vamos trabalhar sobre o saneamento aqui no [bairro], é uma atividade da biologia, da assistência social e ao mesmo tempo, uma atividade de ensino. Começam a observar, começam a fazer um projeto de pesquisa, o fato deles saírem é uma atividade de extensão. **Então esse estímulo nas atividades de ensino, na verdade são de Ensino, dentro da pesquisa e dentro da extensão**. Não sei se está certo isso que eu disse...(Coordenador(a) de Eixo- Campus 1, grifo nosso).*

Um dos entrevistados coloca os desafios e/ou dificuldades como inerentes ao processo de implantação do PPE, no Instituto.

*vou começar primeiro pela questão da experiência. É um trabalho novo, **a gente não tinha experiência**. Então estamos tentando aprender como fazer, é o primeiro fator. O segundo fator é a **questão do tempo, a questão do pessoal**, não ser específico. E talvez a nossa principal deficiência tenha sido essa, não termos atendido a todo público que precisava e que as ações seriam bem-vindas. Claro que é uma deficiência própria de quem está iniciando. (Coordenador do PPE- Campus 1, grifo nosso).*

Em síntese, as dificuldades e desafios são da ordem das lacunas na formação dos estudantes, formação de professores, concepções sobre a EPT e a formação integrada, envolvimento dos trabalhadores com a permanência e êxito dos estudantes e questões mais de ordem objetiva, como pouco tempo para realização das ações e a falta de servidores específicos para o trabalho com o PPE.

Esses relatos, especificamente sobre as ações desenvolvidas, como partes do PPE são a base, conjuntamente com o que já foi discutido, para problematizar sobre o

124

Trabalho Pedagógico que é desenvolvido nesses dois *Campi*, as implicações deste, para com a permanência, êxito e fracasso escolar. Como o trabalho realizado por Dore e Luscher (2011) retoma a importância do caráter preventivo dessas ações, a pesquisa buscou compreender as possíveis relações do PPE e o sucesso ou fracasso escolar, tomando como foco as relações humanas que estão e serão estabelecidas entre os sujeitos da escola.

6.2 A construção de relações humanas no Trabalho Pedagógico

Nesse capítulo é discutido o Trabalho Pedagógico enquanto possibilitador ou não da permanência e êxito dos estudantes. Como já discutido no capítulo 5, o Trabalho Pedagógico é essencialmente conduzido por pessoas, acontece com base nessa relação e dessa interlocução (FERREIRA, 2010) que será possível a produção do conhecimento. A partir disso, que esse capítulo discute o TP essencialmente realizado por sujeitos e que dessas relações sociais, a possibilidade da permanência e êxito. Obviamente o Trabalho Pedagógico realizado é cercado de intenções e poderes (FERREIRA, 2010), alguns também já problematizados nos capítulos anteriores, como as concepções de Educação Profissional e Tecnológica e de permanência e êxito. Essa discussão será iniciada pelas concepções sobre relações sociais, partindo de alguns pressupostos que orientam a Psicologia Sócio-Histórica[22].

Uma das correntes teóricas da psicologia é a Psicologia Sócio-Histórica que compreende o humano como ativo, social e histórico, a partir do trabalho. É pelo trabalho que o ser humano estabelece relações com a natureza e assim com os outros homens, assim "o trabalho só pode ser entendido dentro de relações sociais determinadas. [...] Por isso, quando se diz que o ser humano é ativo, diz-se, ao mesmo tempo, que ele é um ser social" (BOCK, FURTADO e TEIXEIRA, 2010, p. 79). As relações sociais são uma das categorias de análise da Psicologia Sócio-Histórica.

As relações sociais têm enorme importância para a teoria. Os *vínculos* que se

---

[22] Não serão desenvolvidos todos os aspectos e categorias de análise da Psicologia Sócio-Histórica.

constituem vão permitir determinadas experiências. Em nossas vivências somos *afetados* (de afetividade) de alguma forma e fazemos então nossos registros emocionados. O mundo psicológico como um mundo de símbolos, imagens, sensações e emoções vai se organizando em nós e permitindo a formação da consciência. A *linguagem*, com suas palavras, é um dos mais importantes veículos de transporte do campo objetivo para o campo da subjetividade e vice-versa. (BOCK, FURTADO e TEIXEIRA, 2010, p. 81).

Ou seja, não é mais possível explicar a realidade pela dicotomia entre mundo interno versus mundo externo ou social versus individual (BOCK, GONÇALVES, FURTADO, 2015). Os processos, que definem o humano enquanto humano, acontecem conjuntamente e por isso a indagação sobre o TP e as relações sociais. Para compreender as relações sociais é oportuno qualificar o vínculo.

A teoria do vínculo, elaborada pelo Psicanalista e Psiquiatra Pichon-Rivière (2007) faz referência há uma perspectiva dialética do ser humano. Compreende o humano na relação dialética com os objetos internos e externos e por isso concebe o "vínculo como uma estrutura dinâmica em contínuo movimento, que engloba tanto o sujeito quanto o objeto [...]" (PICHON-RIVIÈRE, 2007, p. 11). Sobre o vínculo ele ainda acrescenta:

> O vínculo é um conceito instrumental em psicologia social que assume uma determinada estrutura e que é manejável operacionalmente. *O vínculo é sempre um vínculo social*, mesmo sendo como uma só pessoa; através da relação com essa pessoa repete-se uma história de vínculos determinados (PICHON-RIVIÈRE, 2007, p. 31, grifo nosso).

Ou seja, para refletir sobre vínculo é necessário refletir sobre as relações sociais. Nesta pesquisa, a busca é por iniciar a compreensão sobre as relações que se estabelecem na escola, ou seja, os vínculos que se estabelecem e o sucesso ou fracasso escolar. Por isso questiona-se: como se apresentam as relações sociais do Trabalho Pedagógico, nos locais pesquisados?

Pensar as relações sociais é pensar os sujeitos que experimentam a realidade concreta e dela produzem sentidos e assim mudam a si mesmos e o mundo e são mudados pelo mundo também (BOCK, FURTADO e TEIXEIRA, 2010). É a partir dessa realidade concreta que o "sujeito atua, vivencia relações, estabelece vínculos, convive com significados, experimenta emoções e produz sentidos" (BOCK, FURTADO e

TEIXEIRA, 2010, p. 82). Miguel Arroyo (2012) reforça que toda educação se dá pela ação humana, ação essa que pode ser entre pessoas, de pessoas sobre outras e por isso a necessidade do elemento humano ser o centro das pesquisas de educação e trabalho.

> Sem dúvida será importante pesquisarmos a organização do trabalho, as novas tecnologias, os rituais, tempos e espaços, os regimentos, as grades curriculares, tudo o que objetiva e concretiza a pedagogia da fábrica ou da escola, entretanto, o central em nossas pesquisas terão que ser os sujeitos que interferem nessa relação educativa. A teoria pedagógica e a relação trabalho-educação se empobrecem quando seu foco deixa de ser as pessoas, as relações sociais e a passam a privilegiar as técnicas, as tecnologias, os métodos, os conteúdos inculcados. Por sua vez a pedagogia escolar se quando secundariza o peso da materialidade em que se produz a existência e se reproduzem os seres humanos. A teoria pedagógica e a relação trabalho-educação se enriquecem quando incorporam todas essas dimensões (ARROYO, 2012, p. 165).

Por isso que as relações sociais no Trabalho Pedagógico foram analisadas a partir do discurso dos sujeitos, que vivem as políticas educacionais. Então, a compreensão dessa categoria se deu a partir de outras perguntas, porque se acredita que é possível desvendar elementos mais condizentes com a realidade. Por isso, será iniciado com o discurso de um professor e coordenador do PPE no Campus 1.

> O trabalho realizado entre eles de dizer o porquê de se estar aqui, o que se pretende, para que serve a escola... Eles tiveram uma consciência muito boa. E claro, cada um dentro das suas particularidades e individualidades. A partir disso, sentimos uma melhora. Inclusive no relacionamento entre eles, entre os professores, até mesmo pela experiência que eu tenho, nove anos dentro do campus. **Deve ter sido um dos primeiros anos que tivemos menos problemas em relação às normas, à disciplina.** Isso já é um passo, não é? (Coordenador(a) do PPE- Campus 1, grifo nosso)

A relação é baseada num vínculo disciplinar, ou seja, a reflexão sobre o pertencimento à instituição tinha como objetivo minimizar a discordância, a desobediência dos estudantes. Em outro relato, o vínculo baseado na disciplina é também referido quando questionado sobre a educação ofertada pelo Instituto Federal.

> Relatos como o agitamento dos estudantes, "perderam o controle" dos primeiros anos, "estão na mesma [palavra de baixo calão]", "é o pior ano de todos os tempos" e como conclusão "é sempre esse contexto" (Relato de reunião com os coordenadores(as)- Campus 1).

No próximo relato é retomada a questão da disciplina e das notas, além de salientar o apoio que o IF oferece.

*Eu digo para eles quando eles entram no instituto que a única preocupação deles deve ser o estudo. **Porque o resto o instituto esta apoiando por trás**. Como a gente diz, não sabemos onde vai parar a educação, mas que eles aproveitem. Não sabemos quanto tempo teremos, mas que a oportunidade que eles têm, é única. Eu não me lembro de ter tido uma oportunidade dessas, então avalio como muito boa. Há muitas ações pedagógicas, muitos conselhos, trabalho com professores, se está com dificuldade específica na disciplina, é providenciado para abrir monitoria. **Então, acho que esse cuidado com relação ao aluno, a disciplina, as notas, eu não vejo igual em outra instituição**. (Coordenador(a) de Eixo- Campus 1, grifo nosso).*

O apoio oferecido pelo IF é desenvolvido pela equipe multiprofissional, composta por psicólogos, assistentes sociais, médicos, enfermeiros, dentistas, técnicos de enfermagem, que retomam a importância do cuidado com a saúde do estudante de forma completa. Ou seja, além da cura de possíveis doenças, as equipes multiprofissionais nos IFs têm como objetivo a prevenção e a promoção da saúde que assegurem a permanência do estudante (IF FARROUPILHA, 2012). A Política da Assistência Estudantil do IF Farroupilha tem como primeiro objetivo a promoção do "acesso e a permanência na perspectiva da inclusão social e democratização do ensino" (2012, p. 3), desenvolvida conjuntamente com os outros setores pedagógicos do *Campus*.

No relato o encaminhamento e o monitoramento são elencados como positivos, por um dos sujeitos participantes da pesquisa, quando questionado sobre a realização do Trabalho Pedagógico.

*Eu acho que é muito bom. Pelo aparato que eles têm. Eles têm tudo. Se estiverem com dificuldade, **o professor informa**. Se estiverem infrequentes, o **professor igualmente informa**. A vida desses estudantes, penso eu, é monitorada aqui no ensino médio. E realmente é. Se **informamos o CAE**, a [assistente social] já entra em contato direto com as famílias. Se for problema de nota, cai na, na assessoria pedagógica. E como eu te disse, eu não vejo em outra instituição, o aparato que eles têm aqui dentro. Em breve eles terão a odontologia, a enfermeira, eles têm a médica (Coordenador(a) de Eixo- Campus 1, grifo nosso)*

O encaminhamento também é mencionado durante a entrevista com dois coordenadores de eixo.

> *Esses professores tiveram dificuldade de falar sobre o seu trabalho pedagógico, pois no momento que eu questiono sobre o T.P. eles se entreolham esperando que o outro fale. Um dos professores relatou que as metodologias e avaliações são acordadas no colegiado e que eles, os professores, procuram seguir mais ou menos essa definição. E que os estudantes são **encaminhados** para o apoio pedagógico quando existem dificuldades. (Relato de entrevista com Coordenadores de Eixo- Campus 2, grifo nosso).*

O encaminhamento do estudante pode assumir duas possibilidades, uma delas vinculada à possibilidade de atuar na perspectiva da equipe multidisciplinar, porém nos relatos dos entrevistados é possível perceber uma epidemia de encaminhamentos. Machado (1997) no artigo "Avaliação e fracasso: a produção coletiva da queixa escolar" retoma os numerosos encaminhamentos de estudantes para tratamento com diversos profissionais da saúde. Esse mecanismo acaba por reforçar a responsabilização individual sobre o fracasso escolar, ou seja, ao realizar muitos encaminhamentos reforça-se a ideia, socialmente construída, de que o problema é do estudante e por isso a necessidade de encaminhar a outros profissionais.

A partir desses discursos é possível perceber a contradição em relação ao Programa Permanência e Êxito e a própria política educacional dos Institutos Federais. As relações que se dão no Trabalho Pedagógico, nesses *campi*, são relações e vínculos baseados no disciplinamento, no autoritarismo e no encaminhamento. Em um dos relatos de observação de uma reunião sobre o PPE, um dos coordenadores pergunta: *"a instituição chama pai e não tem como ser expulso por três dias?"*. Esse relato deixa claro o movimento de expulsão e negação para com o estudante, indo de encontro, também, com a política educacional dos IFs.

Ao contrário do que se possa pensar é a partir desses movimentos de rebeldia, de conflitos que será possível a transformação, como argumenta Patto (2016): "a convivência de mecanismos de neutralização dos conflitos com manifestações de insatisfação e rebeldia faz da escola um lugar propício à passagem do compromisso humano-genérico" (2016, p. 363). Ou seja, a rebeldia e a contradição são inerentes às escolas e é a partir disso: do movimento de submissão e rebeldia de todos os sujeitos da instituição, a possibilidade de transformação.

Sobre o encaminhamento, ele até pode ser visto como positivo, pois existe uma equipe especializada para diferentes atendimentos, porém parece muito mais como

129

corriqueiro, do que como esporádico. Ainda sobre os encaminhamentos, a relação afetiva mais próxima com o professor foi apontada por uma das servidoras do apoio pedagógico.

> Um integrante do CAE, que participa da reunião, afirma que o "compromisso primeiro com o aluno é o professor e não encaminhar". O professor deve "identificar os alunos que minam os demais". Outra TAE salienta a **importância do vínculo com o professor, do bom relacionamento com o professor, pois vários alunos procuram os professores**. A preocupação é com o aluno que está ali (Relato da reunião com os coordenadores- Campus 1, grifo nosso).

No questionário realizado com os estudantes dos Cursos Integrados e Subsequentes, quando perguntados se já necessitaram de algum tipo de acompanhamento, 21 responderam que não e 45 disseram que sim. Dentre esses que responderam sim, 33 relacionaram ao atendimento com psicólogo ou outro profissional da Coordenação da Assistência Estudantil ou Setor de Apoio Pedagógico, também foram citados o Núcleo de Atendimento de Pessoas com Deficiência e o Núcleo de Estudos Afro-brasileiros e Indígenas. O restante que respondeu Sim apontou as aulas extras, reforços e recuperações paralelas. Ou seja, um número elevado de estudantes foi encaminhado para algum tipo de acompanhamento, seja psicológico ou pedagógico.

Sobre o relacionamento com os colegas e professores, os estudantes marcaram as opções entre totalmente satisfeito, satisfeito, parcialmente satisfeito/insatisfeito, totalmente insatisfeito, conforme o gráfico.

Gráfico 10: Relacionamento dos estudantes com os próprios colegas

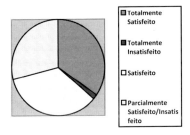

Fonte: Autora

Gráfico 11: Relacionamento dos estudantes com os professores

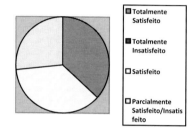

☐ Totalmente
Satisfeito

◼ Totalmente
Insatisfeito

☐ Satisfeito

☐ Parcialmente
Satisfeito/Insatis
feito

Fonte: Autora

Como se trata de uma realidade, histórica e dialeticamente construída, não podem se tratar essas dimensões como excludentes, mas como parte do movimento dialético e contraditório (CORRÊA, 2012). A partir da discordância entre o discurso dos coordenadores e as respostas dos questionários com os estudantes, questiona-se: como o distanciamento ou aproximação nessas relações entre trabalhadores da escola e estudante, especialmente estudante e professor, tem relação com o conhecimento a ser produzido? Essas relações são enunciadoras de fracasso escolar ou de permanência e êxito?

Como problematização serão apresentados outros relatos.

> Mas onde temos uma maior dificuldade, ainda tem, efetivamente, mas minimizou bastante, é nos primeiros anos, então planejamos essa acolhida. Por que eles se sentiam, assim... vinham de municípios do interior, de uma escola pequena, onde **tinham bastante contato com o professor e chegando aqui eles tinham aquele choque de realidade.** Então essa foi uma pauta que foi e está sendo trabalhada com todos os anos, é uma proposta, é uma ação do programa.(Coordenador(a) do PPE- Campus 2, grifo nosso)
> Os alunos e os pais começaram a nos procurar com mais frequência, a dizer coisas que não sabíamos e obviamente o professor que está em sala de aula, com 35 alunos, fica impossibiltado, muitas vezes, pela própria questão da aula, **não tem como o professor fazer aquela visão de um único aluno.**(Coordenador(a) do PPE- Campus 1, grifo nosso)
> Dificuldade de adaptação em uma nova escola, com média 7 e **com diversos professores**, 15 disciplinas; Dificuldade de acompanhar o ritmo da escola. (Coordenador(a) de Eixo- Campus 2, grifo nosso).

Ou seja, tanto para o professor, quanto para o estudante essas relações tornam-se mais distantes, em razão concreta: muitos professores e muitos estudantes. Por esses relatos é possível analisar que o Trabalho Pedagógico realizado, nesses *Campi* ainda é baseado num vínculo que mantém a fragmentação do currículo e o distanciamento entre os sujeitos, que anunciam os riscos para o fracasso escolar, porém há um movimento da instituição para a acolhida aos estudantes e suas famílias, principalmente nos primeiros anos dos Cursos Integrados. A questão do acolhimento já foi problematizada na pesquisa de mestrado de Guimarães (2012) que aponta essa ação como desencadeadora de uma relação transferencial, explicada pela psicanálise, entre estudante e professor. Segundo a pesquisa estaria nesse acolhimento[23] inicial, a maior possibilidade de permanência e êxito do estudante. Assim, as relações acolhedoras no T.P., que realmente proporcionam uma aproximação singularizada, podem ser o diferencial para a permanência e o êxito do estudante.

O discurso de um coordenador quando questionado sobre o desenvolvimento do Trabalho Pedagógico está relacionado "às ferramentas pedagógicas" (Coordenador(a) de Eixo- Campus 1).

> O trabalho pedagógico ele [interrupção]. Acho que o trabalho pedagógico ele é importante no momento que tu começa a dar aula e percebe **se a própria metodologia está funcionando**, se os alunos estão percebendo. Então a nossa principal etapa pedagógica é acompanhar a ministração da aula e se a metodologia funciona. Se não funciona, para e muda de estratégia (Coordenador(a) de Eixo- Campus 1, grifo nosso).

Corrêa (2012) no artigo "As relações sociais na escola e a produção da existência do professor" faz refletir sobre a importância das relações sociais para a produção do conhecimento e a preocupação com as metodologias e conteúdos no T.P.

> Nos recentes encontros com professores tivemos oportunidade de observar como muitos manifestam, de início, uma maior preocupação com os conteúdos curriculares, com a metodologia a ser utilizada na transmissão desses conhecimentos formais e de como desenvolver seu trabalho docente diante das suas reais condições de trabalho na escola. Essa preocupação é tão grande

---

[23] O acolher está relacionado ao sentimento de pertencimento, ou seja, que o estudante sinta-se parte desse grupo, que até então é novo para ele. É um espaço para aproximar-se, ouvir, valorizar e acreditar (GUIMARÃES, 2012).

que pode até mesmo contribuir para dificultar a visualização de outros aspectos importantes do trabalho docente, que gostaríamos de destacar. [...] Desde o início gostaríamos de destacar que acreditamos que não são os conhecimentos formais que a escola transmite o fundamento da formação educativa escolar, embora essa crença possa estar presente em muitas análises a respeito da escola e dos processos educativos. *Essa formação educativa se dá através do processo de aquisição do conhecimento, por meio das relações sociais e materiais por meio das quais eles são adquiridos* (CORRÊA, 2012, p. 130, grifo nosso).

Deste modo, as relações sociais, os vínculos produzidos na escola, mais especificadamente, na sala de aula são relevantes para uma formação humana e social e por isso a necessidade de incluir na concepção escolar os processos éticos, políticos, culturais, históricos, por, enfim, tratar-se da educação do humano (CORRÊA, 2012).

Aqui é oportuno salientar que somente a escola não pode ser considerada como solução dos problemas de exclusão social. Esse discurso carrega a ideologia neoliberal do qual a escola é a responsável e também solução para os problemas sociais. Essas relações, entre o todo e as partes, entre escola e a sociedade, são dialéticas, pois apresentam contradições e tensões entre indivíduos e classes sociais (CORRÊA, 2012). Como parte desse movimento, a escola pode, a partir da formação humana e social dos sujeitos, propiciar a compreensão dos processos de produção, do qual fazem parte, enquanto classe trabalhadora (ARROYO, 2012).

Essa análise da totalidade implica reconhecer as relações de produção como diretamente relacionadas às relações sociais do Trabalho Pedagógico. Freitas (1995) em "Crítica da organização do trabalho pedagógico e da didática" retoma essa relação da escola com o capitalismo e o T.P.

> Na escola capitalista, os alunos encontram-se expropriados do processo de trabalho pedagógico e o produto do trabalho não chega a ser apropriado por boa parte dos mesmos, e ainda que, em alguns casos, fique em seu poder, carece de sentido para eles (FREITAS, 1995, p. 230).

Para Freitas (1995) essa expropriação se dá pela "repetência, pela evasão e pela sonegação dos conteúdos durante o processo de aprendizagem" (1995, p. 230). Há uma tendência, a da culpabilização ao estudante sobre seu fracasso, como o discurso de um coordenador numa reunião no Campus 1: *"os alunos devem aprender a dar a volta por cima, por que eles não conseguem dar o volta por cima?"* (Relato da Reunião-

Campus 1). Esse discurso aconteceu, quando os membros questionavam sobre a avaliação, reforçando que quando as notas eram negativas no primeiro semestre, influenciavam negativamente para o desânimo e desmotivação do estudante.

Freitas (1995) apresenta sua análise sobre os processos das avaliações e expõe que a avaliação não é apenas um processo de reconhecer aprendizagem e corrigir os rumos da aprendizagem, mas sim é "um conjunto de práticas que legitima a exclusão da classe trabalhadora da escola e está estreitamente articulada com a organização global do trabalho escolar" (1995, p. 254). Ou seja, a prática da avaliação está revestida do autoritarismo escolar. Nesse fragmento, Freitas (1995) sistematiza vários elementos acima problematizados.

> Alienado do processo de trabalho pedagógico, individualizado, sujeito a avaliações fragmentadas e longe do trabalho material produtivo, o aluno é condenado a uma situação de ensino sem maior sentido para ele. As resistências do aluno brotam em sala de aula nas mais variadas formas, gerando conflitos que conduzem o professor a fazer o uso de práticas de avaliação, para controlar o comportamento do aluno e assegurar o controle em classe (1995, p. 256).

Os processos dialéticos sobre o Trabalho Pedagógico na escola, no sistema de produção capitalista, estabelecem uma relação com duas categorias descritas por Freitas (1995), o qual descreve como esse processo se dá na escola. A manutenção da classe dominante em profissões nobres e em segundo a eliminação adiada ou manutenção provisória, quando a classe trabalhadora desempenha profissões menos nobres, por conseguinte a manutenção adiada ou exclusão, caracterizada pela evasão e, por último, a eliminação propriamente dita, no sentido de privação da classe trabalhadora do acesso à escola (FREITAS, 1995).

Kuenzer (2002), ao abordar os aspectos dialéticos do T.P. explica que ainda está presente no T.P. a lógica da fragmentação e do disciplinamento do mundo capitalista e acrescenta:

> Ora, se o Trabalho Pedagógico, escolar e não escolar, ocorre nas e através das relações sociais e produtivas, ele não está imune às mesmas determinações. Ou seja, enquanto não for historicamente superada a divisão entre capital e trabalho, o que produz relações sociais e produtivas que têm a finalidade precípua de valorização do capital, não há possibilidade de existência de

134

práticas pedagógicas autônomas; apenas contraditórias, cuja direção depende
das opções políticas da escola e dos profissionais da educação no processo de
materialização do projeto político-pedagógico (KUENZER, 2002, p. 13).

Esse processo é dialético, as relações sociais no Trabalho Pedagógico
apresentam-se em conflito, em distanciamento, fragmentado e alienado. Os processos
de responsabilização individual pelo fracasso escolar acabam por produzir vínculos de
culpabilização mútua entre os sujeitos, permitindo a possibilidade da reprovação e da
evasão. Como se trata de uma realidade concreta há movimentos que buscam resgatar
os sentidos dos estudantes estarem na escola. Há discursos que retomam a
equivalência e aprendizagem e discursos que retomam o vínculo condicionado às
notas, ao comportamento, muitas vezes rebelde, do estudante.

Certamente esses processos contraditórios são resultantes do capitalismo e
como Kuenzer (2002) argumenta, está nele também, a possibilidade de superação que
se daria pela superação entre Capital e Trabalho. Assim, é preciso saber como a
fragmentação opera no cotidiano escolar, ter clareza como operam esses limites
descritos, como a fragmentação, a reprovação, a evasão, o distanciamento, o
disciplinamento. A partir da contradição, buscar a superação.

7 CONSIDERAÇÕES FINAIS

Diante dos movimentos que essa pesquisa procurou desvelar e outros ainda que não foram suficientemente conhecidos, teceram-se as considerações sobre esses movimentos. Movimentos dialéticos que são históricos, que revelam contradições, que são próprios do sistema capitalista. Nessa perspectiva da totalidade, são esses movimentos do concreto, que estudantes da classe trabalhadora veem seu direito por uma educação garantida ou incerta.

Essa pesquisa de mestrado partiu das inquietações da pesquisadora enquanto trabalhadora do IF Farroupilha, sobre o contexto real da vida desses sujeitos da escola: estudantes, professores, técnico-administrativos, pais/responsáveis, comunidade externa. E a partir desse olhar, enquanto parte dessa realidade, a pesquisa buscou compreender como operavam a contradição, a historicidade, a mediação, a práxis, a totalidade sobre o Programa Permanência e Êxito e todas as determinações que foram trabalhadas. Retomando Frigotto (2010), o Materialismo Histórico e Dialético procura desvendar essas relações contraditórias, que partem do conflito para construção do real e assim se constitui o movimento entre desenvolvimento e transformação da realidade.

As pesquisas sobre a evasão, retenção, abandono escolar, permanência e êxito no contexto da Educação Profissional e Tecnológica ainda necessitam maior aprofundamento. Poucas pesquisas trataram das possíveis intervenções para a problemática da permanência e êxito dos estudantes na Rede Federal de Educação Profissional e Tecnológica. Por essas questões, essa pesquisa se propôs a refletir em que medida o Instituto Federal Farroupilha compreende e desenvolve[24] a política institucional denominada Programa Permanência e Êxito?

Então, com o objetivo de analisar o desenvolvimento da política institucional implementada pelo PPE no IF Farroupilha, a partir dos *Campi* de Júlio de Castilhos e São Vicente do Sul, iniciou-se a investigação sobre os movimentos das políticas educacionais para a EPT, a partir da década de 1990. O marco dessas políticas é o

---

[24] Compreender no sentido das concepções sobre EPT, sobre Permanência e êxito e desenvolver, no sentido das ações e relações estabelecidas com os sujeitos do IF.

movimento pendular (MOURA, 2010), ora relacionada ao mercado de trabalho - uma educação para o trabalho, ora ao mundo do trabalho - uma educação pelo trabalho. É possível perceber que ainda a concepção da EPT *"para chegar preparado para o mercado de trabalho"* de um Estudante do Ensino Médio Integrado é legado de uma concepção de EPT, demarcada pelo Decreto n. 2.208/97 e que ainda se faz presente na realidade dos IFs.

A constituição dos Institutos Federais tem como objetivo uma nova institucionalidade, como descrito no Documento com as concepções e diretrizes dos IFs, em 2010. Sete anos se passaram, desde a veiculação desse documento, e ainda é possível observar prerrogativas que não se sustentam na prática das instituições. Algumas dessas questões são: o acesso, a permanência e o êxito dos estudantes.

O acesso foi ampliado significativamente após 2008, porém ainda não se garantiram as condições para permanência, a aprendizagem e assim, a conclusão do curso. Em contradição, nos documentos e na própria legislação que regulamenta os Institutos Federais, o compromisso social com a educação dos trabalhadores é salientado como um dos princípios dos IFs. Ou seja, a realidade observada vai de encontro à política educacional proclamada pelos Institutos Federais.

Dentre essas dificuldades para permanência e êxito dos estudantes, os sujeitos da pesquisa apontaram para alguns fatores como: falta de apoio nas relações familiares, infraestrutura deficitária dos *campi* e da cidade, dificuldade de adaptação, para cursar somente o Ensino Médio, dificuldade de relacionamento, dificuldade com a linguagem dos professores, incompatibilidade com o trabalho, questões sociais como moradia e transporte, histórico de reprovação e lacunas de conhecimento na formação anterior. Esses fatores vão ao encontro dos achados de Dore, Sales e Castro (2014), que classificaram em fatores individuais do estudante e fatores internos e externos à instituição. Uma parte desses fatores é originária das relações estabelecidas entre estudantes, professores e técnico-administrativos, do Trabalho Pedagógico realizado. Nos fatores "dificuldade de adaptação, dificuldade de relacionamento, dificuldade com a linguagem dos professores" é possível perceber a relação direta entre o T.P. e os fatores que levam ao fracasso escolar.

Em relação às concepções sobre a permanência e êxito, os discursos foram desde a conclusão no tempo previsto no PPC, ou seja, sem reprovações, até concepções que elegiam a aprendizagem como o elemento central para a permanência e êxito dos estudantes, além da garantia da socialização. Os estudantes, quando questionados sobre os sentidos da palavra êxito, num maior número relacionaram com o sucesso na vida acadêmica e social e em menor recorrência aos objetivos e aos conhecimentos.

Sobre as ações desenvolvidas no PPE foi possível observar duas categorias de ações: as ações práticas e as ações reflexivas. As ações práticas vão ao encontro de estratégias mais objetivas de intervenção, como monitorias, recuperações paralelas, entre outras e as ações reflexivas dão conta dos processos de formação de professores, encontro com as famílias, etc. Essa última tem como objetivo a reflexão sobre as concepções sobre a permanência e êxito, aprendizagem, desenvolvimento humano, evasão, retenção, etc. É a partir das ações reflexivas a possibilidade da práxis, ou seja, é necessária a reflexão sobre próprias ações do programa, bem como as concepções sobre a educação ofertada pelos IFs e o Trabalho Pedagógico realizado nos cursos integrados e subsequentes, foco deste estudo, para um novo movimento de ação.

Essa pesquisa também se propôs a comparar o desenvolvimento da política de permanência e êxito e o T.P. realizado nos Cursos Integrados e Subsequentes. Essas duas formas de ensino são oriundas de concepções diferentes sobre a EPT, os Cursos Subsequentes de uma concepção de EPT relacionada ao mercado de trabalho e os Cursos Integrados, numa perspectiva de formação humana, relacionando ao conhecimento das técnicas e suas relações com a cultura, o trabalho e a ciência (SIMÕES, 2010). Porém, mesmo que o curso subsequente seja uma modalidade que se manteve nos dois decretos, o 5.124/2004 e o 2.208/97, oriundos de concepções diferentes sobre a educação profissional, ainda é possível vislumbrar o caráter emancipatório dos Cursos Subsequentes, visto que seria uma possibilidade de diminuir as chances que esse trabalhador ingresse no mundo do trabalho de forma precarizada (MOURA, 2010).

Levando em consideração essas concepções sobre EPT e essas duas formas de ensino, observou-se os índices de evasão e retenção nas duas modalidades. Nos Cursos Integrados, os índices de evasão são relativamente baixos e os índices de retenção são mais altos, como apresentado no Capítulo 6. Nos Cursos Subsequentes os índices de evasão e de retenção são mais altos, como também problematizados no Capítulo 6. Os entrevistados em grande parte relataram o envolvimento maior com os Cursos Integrados na proposição de ações e um cuidado maior da instituição para com esse público. E em contrapartida, nos Cursos Subsequentes, há uma maior necessidade de envolvimento entre professor e estudante, para a aquisição dos conhecimentos.

A partir disso, é possível compreender que a concepção de EPT e que o maior envolvimento dos sujeitos para com os estudantes dos Cursos Integrados teve como resultado, índices menores de evasão, porém é preciso considerar os índices de retenção com bastante atenção, pois refletem movimentos de exclusão como descrito por Freitas (1995). Em contrapartida, os Cursos Subsequentes, baseados ainda na dicotomia entre educação básica e educação profissional, apresentaram índices maiores de evasão e retenção e um menor envolvimento dos sujeitos com a proposição de ações específicas para esse público que já concluiu o Ensino Médio e vê nos Cursos Subsequentes uma oportunidade.

Outro princípio apontado na pesquisa foi sobre o desenvolvimento local e regional. Uma das prerrogativas dos IFs é "estabelecer o vínculo entre a totalidade e as partes constitui premissa fundamental para apreender os objetos em seu contexto, em sua complexidade" (BRASIL, 2010, p. 25). O discurso de um dos entrevistados utiliza metáfora de uma "redoma", para ilustrar a percepção dele sobre o isolamento do *campi* do qual ele trabalha e a comunidade mais próxima.

Ainda sobre os princípios e diretrizes dos Institutos Federais e a relação do PPE com a Política dos Institutos Federais, se questionou sobre o perfil dos estudantes dos cursos técnicos integrados e subsequentes, dos dois *campi* pesquisados. Uma grande maioria são estudantes que realizaram sua formação anterior em escolas públicas e que atualmente não trabalham. Um quantitativo significativo, 42% e 33,7% dos pais e mães dos estudantes, não concluíram o ensino fundamental. A maioria das famílias, 58,36%, recebem menos de 0,5 até 1,5 salário mínimo por pessoa e dentre os benefícios que os estudantes mencionaram receber, o primeiro é o auxílio permanência.

A partir desses dados é possível perceber que os estudantes que ingressam nos *Campi* pesquisados são estudantes da classe trabalhadora. Nesse aspecto, do acesso, poderia se confirmar que a realidade está condizente com a política educacional. A política de permanência e êxito está diretamente relacionada com a efetividade da política dos IFs, pois, além do acesso foi necessário criar o PPE para buscar a garantia à educação da classe trabalhadora.

A política dos IFs tem como elemento fundador a concepção de trabalho e educação enquanto fundantes do humano. A educação enquanto exigência para o processo do trabalho e também como o próprio processo de trabalho (SAVIANI, 2011). Pois é pelo trabalho que o humano se humaniza, ao transformar a natureza, transforma a si próprio (MARX, 2013).

Ao descer ao concreto, a relação trabalho e educação é sentida pelos sujeitos que vivem as políticas sociais e educacionais na escola, no cotidiano das contradições, na divisão de classe, nos conflitos, no mundo do trabalho. Essa direção aponta para uma relação trabalho-educação como criadores da vida individual e social que é materializada e vivida na contradição, pelos sujeitos da escola, a partir da práxis do Trabalho Pedagógico.

É a partir das relações humanas construídas pelo Trabalho Pedagógico, que será possível a aquisição do conhecimento.

> Trabalho pedagógico é a produção do conhecimento, mediante crenças e aportes teórico-metológicos escolhidos pelos sujeitos, que acontece em contextos sociais e políticos os quais contribuem direta ou indiretamente. Diretamente, porque perpassam o trabalho pedagógico. Indiretamente, quando não são explícitos, todavia, todo *trabalho pedagógico é intencional, político e, de algum modo, revela as relações de poderes que nele interferem* (FERREIRA, 2010, p. 2, grifo nosso).

A produção do conhecimento dar-se-á pelas relações que se estabelecem entre professores, estudantes, técnico-administrativos e a própria instituição. Prioritariamente o Trabalho Pedagógico acontece entre professor e estudante, porém pode ser

140

desenvolvido por outros sujeitos pertencentes à instituição e que representem o projeto pedagógico institucional (FERREIRA, 2010).

O TP acontece, essencialmente, pelas relações construídas e nesta pesquisa, essas relações são marcadas pelo conflito, pelo distanciamento afetivo, pela fragmentação, pela burocratização. Obviamente, esse movimento contraditório não é o único, outros movimentos, condizentes com a política dos Institutos Federais, evidenciam o TP enquanto práxis, como por exemplo: as ações de acolhimento e os movimentos de ocupação pelos estudantes.

Assim, as relações no Trabalho Pedagógico ocorrem de duas formas observadas na pesquisa, de uma forma, quando o estudante sente-se acolhido pela instituição, tem garantias sobre a aprendizagem e sua construção como cidadão ou quando as relações no T.P. estão condizentes com o sistema de produção, selecionando os mais "aptos" e aqueles que não se adéquam aos sistemas de avaliação, de comportamento e de disciplina. Como Freitas (1995) descreve, esse processo vai desde a manutenção provisória para a exclusão, até a eliminação propriamente dita, quando é negado o direito à educação, aos trabalhadores.

As relações no TP podem ser entendidas como movimentos dialéticos, pois reproduzem a realidade, o legado de concepções sobre EPT, sobre permanência e êxito, os vínculos, a supremacia dos encaminhamentos, a responsabilização pelos fracassos.

Como Kuenzer (2002) sinalizou, os processos contraditórios são resultantes do capitalismo e está nele a possibilidade de superação. Para isso é necessário compreender como a fragmentação opera no cotidiano escolar, ter clareza como operam esses limites, como a fragmentação entre educação e trabalho, a reprovação, a evasão, o distanciamento que se dá pelos encaminhamentos, a expulsão como forma de disciplinamento. É preciso ter clareza sobre os objetivos dos Institutos Federais e, embora a permanência e êxito tenham tomado um espaço de destaque na Instituição, após o Acórdão do TCU e a criação do PPE, se faz necessário refletir sobre as contradições que operam no cotidiano da instituição e nas relações construídas entre os sujeitos que vivenciam o TP

Para concluir esse processo de dissertar sobre o Programa Permanência e Êxito e as suas determinações, retoma-se a epígrafe deste trabalho, nas palavras de Arroyo (2012).

> Toda educação acontece entre sujeitos. É constitutivo de toda prática educativa e cultural ser uma ação humana, de sujeitos humanos, daí estar sempre marcada pela diversidade de experiências culturais dos sujeitos que dela participam. Neste sentido toda pedagogia do trabalho, da escola, ou da família é humanista, adquire seu sentido no fato de ser uma ação humana. (ARROYO, 2012, p. 165).

Assim, que grande parte dos sujeitos da escola sejam tomados pela reflexão sobre suas práticas, sobre as concepções de EPT, de permanência, de êxito e também de ser humano. Que os estudantes da classe trabalhadora tenham acesso e permaneçam numa escola que ofereça conhecimentos com sentidos e que as relações no Trabalho Pedagógico sejam capazes de compreender o conflito como importante e necessário para que a práxis aconteça.

Essas problemáticas não se encerram nesta pesquisa, pelo contrário, apenas iniciam um processo de investigação sobre a permanência e o êxito. E para além da investigação, que a partir desse movimento teórico, a pesquisadora, juntamente com as pessoas que compõe a Educação Profissional e Tecnológica, possam realizar o movimento concreto. Ainda muitas determinações trabalhadas na pesquisa necessitam aprofundamento, como os vínculos e as relações humanas no Trabalho Pedagógico.

142

REFERÊNCIAS

ABRAMOVAY, M.; CASTRO, M. G.; WAISELFISZ, J. J. **Juventudes na escola, sentidos e buscas**: Por que frequentam? Brasília-DF: Flacso - Brasil, OEI, MEC, 2015.

ALVES, A. S. Evasão **de alunos dos cursos técnicos integrados ao ensino médio do IF-SC Campus Florianópolis**: propostas de controle. 2011 207 p. Dissertação (Mestrado Profissional em Gestão de Políticas Públicas)- Universidade do Vale do Itajaí, Itajaí, 2011.

AMORIM, M. M. T. **A organização dos Institutos Federais de Educação, Ciência e Tecnologia no conjunto da Educação Profissional brasileira.** 2013. 245 p. Tese (Doutorado em Educação). Universidade Federal de Minas Gerais, Belo Horizonte, 2013.

ANTUNES, R. **Adeus ao trabalho?** Ensaio sobre as metamorfoses e a centralidade do mundo do trabalho. 15.ed. São Paulo: Cortez, 2011.

_____. **O caracol e a sua concha**: ensaios sobre a nova morfologia do trabalho. São Paulo: Biotempo, 2005.

ARROYO, M. Trabalho- Educação e teoria pedagógica. In.: FRIGOTTO, G. **Educação e crise do trabalho.** 11.ed. Petrópolis, RJ: Vozes, 2012.

_____. O Direito do trabalhador à educação. In.: GOMEZ, C. M.; FRIGOTTO, G.; ARROYO, M.; NOSELLA, P. **Trabalho e conhecimento**: dilemas na educação do trabalhador. 6. ed. São Paulo: Cortez, 2012.

BARDIN, L. **Análise de conteúdo.** Lisboa: Edições 70, 2011.

BOCK, A. M. B. Psicologia Sócio-Histórica: uma perspectiva crítica em psicologia. In.: BOCK, A. M. B.; GONÇALVES, M. da G. M.; FURTADO, O. (Orgs). **Psicologia Sócio-Histórica:** uma perspectiva crítica em psicologia. 6ª ed. São Paulo: Cortez, 2015.

_____; FURTADO, O.; TEIXEIRA, M. de L. T. **Psicologias:** uma introdução ao estudo de psicologia. 14ª.ed. São Paulo: Saraiva, 2008.

BONETI, L. W. **Políticas públicas por dentro.** Ijuí: Ed. Unijuí, 2006.

BRASIL. Decreto n. 2.208, de 17 de abril de 1997. Regulamenta o § 2 º do art. 36 e os arts. 39 a 42 da Lei nº 9.394, de 20 de dezembro de 1996, que estabelece as diretrizes e bases da educação nacional. Brasília, DF, 17 abr 1997. Disponível em: < http://www.planalto.gov.br/ccivil_03/decreto/D2208.htm> Acesso em 29 maio de 2016.

144

_____. Decreto n. 5.154, de 23 de julho de 2004. Regulamenta o § 2º do art. 36 e os arts. 39 a 41 da Lei nº 9.394, de 20 de dezembro de 1996, que estabelece as diretrizes e bases da educação nacional, e dá outras providências. Brasília, DF, 23 jul 2004. Disponível em: <http://www.planalto.gov.br/ccivil_03/_ato2004-2006/2004/decreto/d5154.htm>. Acesso em 29 maio de 2016.

_____. Lei n. 11.892, de 29 de dezembro de 2008. Institui a Rede Federal de Educação Profissional, Científica e Tecnológica, cria os Institutos Federais de Educação, Ciência e Tecnologia, e dá outras providências. **Diário Oficial da União**, Brasília, DF, 29 dez 2008. Disponível em: <http://www.planalto.gov.br/ccivil_03/_ato2007-2010/2008/lei/l11892.htm>. Acesso em: 29 maio de 2016.

_____. Lei n. 13.005, de 25 de junho de 2014. Aprova o Plano Nacional de Educação - PNE e dá outras providências. **Diário Oficial da União**, Brasília, DF, 25 jun 2014. Disponível em:< http://www.planalto.gov.br/ccivil_03/_ato2011-2014/2014/lei/l13005.htm>. Acesso em: 29 maio de 2016.

_____. Lei n. 11.741, de 16 de julho de 2008. Altera dispositivos da Lei no 9.394, de 20 de dezembro de 1996, que estabelece as diretrizes e bases da educação nacional, para redimensionar, institucionalizar e integrar as ações da educação profissional técnica de nível médio, da educação de jovens e adultos e da educação profissional e tecnológica. **Diário Oficial da União**, Brasília, DF, 26 jul 2008. Disponível em:< http://www.planalto.gov.br/ccivil_03/_Ato2007-2010/2008/Lei/L11741.htm> Acesso em: 22 abril 2016.

_____. Lei n. 9.394, de 20 de dezembro de 1996. Estabelece as diretrizes e bases da educação nacional. **Diário Oficial da União**, Brasília, DF, 20 dez 1996. Disponível em: < http://www.planalto.gov.br/ccivil_03/leis/L9394.htm> Acesso em: 22 abril 2016.

_____. Resolução n. 6, de 20 de setembro de 2012. Define Diretrizes Curriculares Nacionais para a Educação Profissional Técnica de Nível Médio. Diário Oficial da União, Brasília, DF, 20 set 2012. Disponível em: < http://portal.mec.gov.br/conselho-nacional-de-educacao/atos-normativos--sumulas-pareceres-e-resolucoes?id=12816. Acesso em 19 set 2016.

_____.Resolução nº 2, de 1º de julho de 2015. Define as Diretrizes Curriculares Nacionais para a formação inicial em nível superior (cursos de licenciatura, cursos de formação pedagógica para graduados e cursos de segunda licenciatura) e para a formação continuada. **Diário Oficial da União** 1º de julho de 2015. Disponível em: http://portal.mec.gov.br/index.php?option=com_docman&view=download&alias=17719-res-cne-cp-002-03072015&Itemid=30192 Acesso em 30 maio 2017.

_____. MEC. **Um novo modelo de Educação Profissional e Tecnológica**: concepção e diretrizes. MEC/SETEC, Brasília, 2010.

_____. MEC. SETEC. IF FARROUPILHA, **Plano de Desenvolvimento Institucional** 2014-2018. Disponível em: <http://w2.iffarroupilha.edu.br/site/conteudo.php?cat=149&sub=1921>. Acesso em: 03 jun. 2016.

_____. MEC. SETEC. IFFARROUPILHA. **Programa Permanência e Êxito**. Instituto Federal Farroupilha: 2014. Disponível em: <http://w2.iffarroupilha.edu.br/site/conteudo.php?cat=168&sub=6013>. Acesso em 27 abril 2016.

_____. MEC. SETEC. IFFARROUPILHA. **Política de Assistência Estudantil**. Instituto Federal Farroupilha: 2012. Disponível em: < file:///C:/Users/Acer/Downloads/2012%20RESOLUC%CC%A7A%CC%83O%2012%20P oli%CC%81tica%20de%20AE.pdf>. Acesso em 30 maio 2017.

_____. MEC. SETEC. IFFARROUPILHA. **Diagnóstico quantitativo e qualitativo das taxas de evasão, retenção e conclusão**. Instituto Federal Farroupilha: 2015.

_____. MEC. SETEC. **Documento Orientador para a Superação da Evasão e Retenção na Rede Federal de Educação Profissional e Tecnológica**. SETEC: 2014. Disponível em:< http://portal.mec.gov.br/setec-secretaria-de-educacao-profissional-e-tecnologica/publicacoes> Acesso em 03 jun. 2016.

_____. Relatório do Tribunal de Contas n. 506/2013. **Diário Oficial da União**, Brasília, DF, 18 abr. 2013. Disponível em: <http://pesquisa.in.gov.br/imprensa/jsp/visualiza/index.jsp?jornal=1&pagina=163&data= 18/03/2013>. Acesso em 03 jun. 2016.

CIAVATTA, M. **Mediações históricas de trabalho e educação**: gênese e disputas na formação dos trabalhadores. Rio de Janeiro: Lamparina, CNPQ, FAPERJ, 2009.

_____. A formação integrada: a escola e o trabalho como lugares de memória e identidade. In.: . In.: FRIGOTTO, G.; CIAVATTA, M.; RAMOS, M. (Orgs.). **Ensino médio integrado**: concepções e contradições. 3.ed. São Paulo: Cortez, 2012.

CORRÊA, V. As relações sociais na escola e a produção da existência do professor. In.: FRIGOTTO, G.; CIAVATTA, M.; RAMOS, M. (Orgs.) **Ensino médio integrado**: concepções e contradições. 3.ed. São Paulo: Cortez, 2012.

CRAVO, A. C. Análise das causas da evasão escolar do curso técnico de informática em uma faculdade de tecnologia de Florianópolis. **Revista GUAL**, Florianópolis, v. 5, n. 2, p. 238-250, ago 2012. Disponível em:< https://periodicos.ufsc.br/index.php/gual/article/view/1983-4535.2012v5n2p238> Acesso em 27 abril 2016.

146

CURY, C. R. J. **Educação e contradição:** elementos metodológicos para uma teoria crítica do fenômeno educativo. São Paulo: Cortez: Autores Associados, 1986.

DORE, R.; LÜSCHER, A. Z. Permanência e evasão na educação técnica de nível médio em Minas Gerais. **Cad. Pesqui. [online].** v.41, n.144, p. 770-789, 2011. Disponível em: < http://www.scielo.br/scielo.php?pid=S0100-15742011000300007&script=sci_abstract&tlng=pt> Acesso em: 27 abril 2016.

_____; ARAUJO, A. C. de; MENDES, J. de S. (Org.). **Evasão na educação:** estudos, políticas e propostas de enfrentamento. Brasília: IFB/CEPROTEC/RIMEPES, 2014.

_____; SALES, P. E. N.; CASTRO, T. L. Evasão nos cursos técnicos de nível médio da rede federal de educação profissional de Minas Gerais. In.: DORE, R.; ARAUJO, A. C. de; MENDES, J. de S. (Org.). **Evasão na educação:** estudos, políticas e propostas de enfrentamento. Brasília: IFB/CEPROTEC/RIMEPES, 2014.

ENGELS, F. Sobre o papel do trabalho na transformação do macaco em homem. In.: ANTUNES, R. (Org.) **A dialética do trabalho:** escritos de Marx e Engels. São Paulo: Expressão Popular, 2013.

FERREIRA, L.S. Trabalho Pedagógico. In. OLIVEIRA, D. A. et al. **DICIONÁRIO:** trabalho, profissão e condição docente. Belo Horizonte: UFMG/ Faculdade de Educação, 2010. CDROM.

_____. **Trabalho Pedagógico na escola:** sujeitos, tempo e conhecimentos. Curitiba: CRV, 2017.

FLICK, U. **Introdução à pesquisa qualitativa** 3. ed. Porto Alegre, RS: Artmed, 2009.

FREITAS, L. C. de. **Crítica da organização do trabalho pedagógico e da didática.** Campinas, SP: Papirus, 1995.

FRIGOTTO, G.; CIAVATTA, M.; RAMOS, M. (Orgs.). **Ensino médio integrado:** concepções e contradições. 3.ed. São Paulo: Cortez, 2012.

_____, G. Concepções e mudanças no mundo do trabalho e o ensino médio. In.: FRIGOTTO, G.; CIAVATTA, M.; RAMOS, M. (Orgs.). **Ensino médio integrado:** concepções e contradições. 3.ed. São Paulo: Cortez, 2012.

_____, G. O enfoque da dialética materialista histórica na pesquisa educacional. In.; FAZENDA, I. (Org.). **Metodologia da pesquisa educacional.** 12.ed. São Paulo: Cortez, 2010.

_____, G. A dupla face do trabalho: criação e destruição da vida. In.: FRIGOTTO, G.; CIAVATTA, M. **A experiência do trabalho e a educação básica.** Rio de Janeiro: DP&A, 2002.

_____, G. Juventude, trabalho e educação no Brasil: perplexidades, desafios e perspectivas. In.: NOVAES, R.; VANNUCHI, P. (Orgs.). **Juventude e sociedade:** trabalho, educação, cultura e participação. São Paulo: Editora Fundação Perseu Abramo, 2007.

FRITSCH, R.; VITELLI, R.; ROCHA, C. S. Defasagem idade-série em escolas estaduais de ensino médio do Rio Grande do Sul. **Rev. bras. Estud. pedagog.** (online), Brasília, v. 95, n. 239, p. 218-236, jan./abr. 2014. Disponível em: < http://www.scielo.br/scielo.php?script=sci_arttext&pid=S2176-66812014000100012>. Acesso em: 03 jun. 2016.

FRIZZO, G. F. E.; RIBAS, J. M.; FERREIRA, L. S. A relação trabalho-educação na organização do trabalho pedagógico da escola capitalista. **Revista Educação**, v. 38, n. 3, set./dez. 2013. Disponível em: < https://periodicos.ufsm.br/reveducacao/article/view/8987/pdf>. Acesso em: 17 ago 2017.

GOMES, C. M.; et al. **Trabalho e Conhecimento:** dilemas na educação do trabalhador. São Paulo: Cortez, 2012.

GONÇALVES, M. da G. M. A psicologia como ciência do sujeito e da subjetividade: a historicidade como noção básica. In.: BOCK, A. M. B.; GONÇALVES, M. da G. M.; FURTADO, O. (Orgs). **Psicologia Sócio-Histórica:** uma perspectiva crítica em psicologia. 6ª ed. São Paulo: Cortez, 2015.

GRABOWSKI, G.; RIBEIRO, J. A. R. Reforma, legislação e financiamento da educação profissional no Brasil. In.: MOLL, J. e Colaboradores. **Educação profissional e tecnológica no Brasil contemporâneo.** Porto Alegre: Artmed, 2010.

GUIMARÃES, S. L. **A entrevista de acolhimento e o contrato de trabalho pedagógico como uma possibilidade frente à evasão escolar em um curso superior de tecnologia.** 2012 143 p. Dissertação (Mestrado Acadêmico em Educação)- Universidade Estadual De Campinas, Campinas. 2012.

HOFLING, E. de M. Estado e Políticas (Públicas) Sociais. **Cadernos Cedes**, ano 21, n. 55, p. 30- 41, nov. 2001. Disponível em: < http://scielo.br/pdf/ccedes/v21n55/5539>. Acesso em 19 set 2016.

JOHANN, C. C. **Evasão escolar no Instituto Federal Sul-rio-grandense:** um estudo de caso no Campus Passo Fundo. 2012. 118p. Dissertação (Mestrado em Educação)- Universidade de Passo Fundo, 2012.

KONDER, L. **O que é dialética.** 28.ed. São Paulo: Brasiliense, 2004.

KUENZER, A. Z. **Exclusão includente e inclusão excludente:** a nova forma de dualidade estrutural que objetiva as novas relações entre educação e trabalho. In.: LOMBARDI, J. C.; SAVIANI, D.; SANFELICE, J. L. (Orgs). Capitalismo, trabalho e educação. Campinas, SP: Autores Associados, HISTEDBR, 2002.

_____. Desafios teórico-metodológicos da relação trabalho-educação e o papel social da escola. In.: FRIGOTTO, G. (org.) **Educação e crise do trabalho.** 11.ed. Petrópolis, RJ: Vozes, 2012.

_____. Trabalho e escola: a aprendizagem flexibilizada. In: **XI Reunião Científica Regional da Anped Sul,** 2016, Curitiba. Educação, movimentos sociais e políticas governamentais, 2016. p. 1-22. Disponível em: http://www.anpedsul2016.ufpr.br/wp-content/uploads/2015/11/Eixo-21-Educa%C3%A7ao-e-Trabalho.pdf. Acesso em 01 ago 2017.

LOMBARDI, J. C. **Educação e Ensino na obra de Marx e Engels.** Campinas: Alínea, 2011.

LUSCHER, A. Z.; DORE, R. Política educacional no Brasil: educação técnica e abandono escolar. **RBPG,** Brasília, supl. 1, v. 8, p. 147 - 176, dez. 2011. Disponivel em: < http://ojs.rbpg.capes.gov.br/index.php/rbpg/article/view/244> Acesso em 27 abril 2016.

IPEA. Relatório juventude e trabalho informal no Brasil. Organização Internacional do Trabalho (OIT); OIT Escritório no Brasil; **Instituto de Pesquisa Econômica Aplicada (IPEA).** - Brasília: OIT, 2015.

MACHADO, A. M. **Avaliação e fracasso:** a produção coletiva da queixa escolar. In.: AQUINO, J. G. Erro e fracasso escolar: alternativas teóricas e práticas. São Paulo: Semmus, 1997.

MACHADO, L. R. de S. Centralidade do marxismo nos núcleos de pesquisa sobre trabalho-educação. Trabalho Necessário. Ano 13, n° 20. 2015. Disponível em: < http://www.uff.br/trabalhonecessario/images/TN_20/13_Doc_e_memoria_lucilia_.pdf>. Acesso em 12 julho 2016.

_____. Ensino médio e técnico com currículos integrados: proposta de ação didática para uma relação não fantasiosa. In.: MOLL, J. e Colaboradores. **Educação profissional e tecnológica no Brasil contemporâneo.** Porto Alegre: Artmed, 2010.

MACHADO, M. R. L.; MOREIRA, P. R. Educação profissional no Brasil, evasão escolar e transição para o mundo do trabalho. In: Seminário Nacional de Educação Profissional e Tecnológica (SENEPT), 2010, Belo Horizonte-MG. **Anais do Seminário.** Belo Horizonte-MG: Centro Federal de Educação Tecnológica de Minas Gerais (CEFET-MG), 2010, p. 1-6. Disponível em: < http://www.senept.cefetmg.br/>. Acesso em 27 abril 2016.

MARASCHIN, M. S. **Dialética das disputas**: trabalho pedagógico a serviço da classe trabalhadora? 2015, 316 p. Tese (Doutorado em Educação)- Universidade Federal de Santa Maria, Santa Maria, 2015.

MARTINS, L. M.; EIDT, N. M. Trabalho e atividade: categorias de análise na psicologia histórico-cultural do desenvolvimento. **Psicologia em Estudo**, Maringá, v. 15, n. 4, p. 675-683, out./dez. 2010. Disponível em: < http://www.scielo.br/pdf/pe/v15n4/v15n4a02.pdf>. Acesso em 31 maio 2017.

MARX, K. **O Capital**. São Paulo: Boitempo, 2013.

_____. **Manuscritos econômicos-filosóficos**. São Paulo: Expressão Popular, 2015.

MINTO, L.W. **Verbete de Teoria do Capital Humano**. Glóssário da História, Sociedade e Educação no Brasil- HISTEDBR. 2006. Disponível em < http://www.histedbr.fe.unicamp.br/navegando/glossario/verb_c_teoria_%20do_capital_h umano.htm> Acesso em 06 de junho de 2016.

MOURA, D. H. A relação entre a educação profissional e a educação básica na CONAE 2010: possibilidades e limites para a construção do novo plano nacional de educação. **Educ. Soc.**, Campinas, v. 31, n. 112, p. 875-894, jul.-set. 2010. Disponível em: < http://www.scielo.br/scielo.php?pid=S0101-73302010000300012&script=sci_abstract&tlng=pt>. Acesso em 29 agosto 2016.

_____. Ensino médio e educação profissional: dualidade histórica e possibilidade de integração. In.: MOLL, J. e Colaboradores. **Educação profissional e tecnológica no Brasil contemporâneo**. Porto Alegre: Artmed, 2010.

ORTIGARA, C.; GANZELI, P. Os Institutos Federais de Educação, Ciência e Tecnologia: permanências e mudanças. In.; BATISTA, E. L.; MULLER, M. T. (orgs). **A Educação Profissional no Brasil**: história, desafios e perspectivas para o século XXI. Campinas, SP: Editora Alínea, 2013.

PACHECO, E. **Institutos Federais**: uma revolução na educação profissional e tecnológica. São Paulo: Moderna, 2011.

PAIXAO, E. L.; DORE, R.; MARGIOTTA, U. Permanência e abandono na educação profissional média do Brasil: uma pesquisa de doutorado italobrasileira e os padrões educacionais internacionais. In: Seminário Nacional de Educação Profissional e Tecnológica (SENEPT), 2012, Belo Horizonte-MG. **Anais do Seminário**. Belo Horizonte-MG: Centro Federal de Educação Tecnológica de Minas Gerais (CEFET-MG), 2012, p. 1-21. Disponível em: < http://www.senept.cefetmg.br/>. Acesso em 27 abril 2016.

PARO, V. H. **Gestão democrática na escola pública**. São Paulo: Ática, 2000.

PATTO, M. H. S. **A produção do fracasso escolar:** histórias de submissão e rebeldia. 4ª. Ed. São Paulo: Intermeios, 2015.

PENA, G. A. de C. **Formação docente e aprendizagem da docência:** um olhar sobre a educação profissional. **Educação em Perspectiva**, Viçosa, v. 2, n. 1, p. 98-118, jan./jun. 2011.

PICHON-RIVIÈRE, E. **Teoria do vínculo**. 7ª ed. São Paulo: Martins Fontes, 2007.

PNAD. IBGE. **Pesquisa nacional por amostra de domicílios:** síntese de indicadores 2013. - 2. ed. - Rio de Janeiro : IBGE, 2015.

RAMOS, M. Possibilidades e desafios na organização do currículo integrado. In,: FRIGOTTO, G.; CIAVATTA, M.; RAMOS, M. (Orgs.). **Ensino médio integrado:** concepções e contradições. 3.ed. São Paulo: Cortez, 2012

RIBEIRO DA SILVA. Juventudes e Ensino Médio: possibilidades diante das novas DCN. In.: AZEVEDO, J. C. de; REIS, J. T. **Reestruturação do ensino médio:** pressupostos teóricos e desafios. São Paulo: Fundação Santillana, 2013.

RUMBERGER, R. W. **Dropping out:** Why students drop out of high school and what can be done about it. Cambridge: Havard University Press, 2011.

SALES, P. E. N. Métodos de pesquisa para a identificação de fatores de evasão e permanência na educação profissional. **Cadernos Cedes**, Campinas, v. 34, n. 94, p. 403-408, set./dez., 2014. Disponível em: <http://www.scielo.br/scielo.php?script=sci_arttext&pid=S0101-32622014000300403&lang=pt>. Acesso em 27 abril 2016.

SAVIANI, D. **Pedagogia histórico-crítica:** primeiras aproximações. 11.ed.rev. Campinas, SP: Autores Associados, 2011.

SILVA, M. R.; PELISSARI, L.; STEIMBACH, A. **Juventude, escola e trabalho:** permanência e abandono na educação profissional técnica de nível médio. Educação e Pesquisa (USP). 2013, v. 39, n.2, p.403-417. Disponível em: <http://www.scielo.br/scielo.php?pid=S1517-97022013000200008&script=sci_abstract&tlng=pt>. Acesso em 03 jun. 2016.

SILVEIRA, R. B.; BRITTES, L. R. **A participação da família na escola:** desdobramentos sobre a evasão escolar e a educação profissional e tecnológica na lógica neoliberal. EBR – Educação Básica Revista, 2017, v.3, n.1, p. 29-46. Disponível em: http://www.laplageemrevista.ufscar.br/index.php/REB/issue/view/18/showToc. Acesso em: 30 jul 2017.

SIQUEIRA, R. R. **Percepção dos professores à realidade escolar nos anos iniciais** do ensino fundamental: influência da colheita do açaí na Ilha do Combu, Belém-PA. 2011. 82 p. Dissertação (Mestrado Profissional em Ciências Ambientais). Universidade de Taubaté, Taubaté, 2011.

SIMÕES, C. A. Educação técnica e escolarização de jovens trabalhadores. In.: MOLL, J. e Colaboradores. **Educação profissional e tecnológica no Brasil contemporâneo.** Porto Alegre: Artmed, 2010.

TONINI, G.; WALTER, S. A. Pode-se identificar a propensão e reduzir a evasão de alunos? ações estratégicas e resultados táticos para instituições de ensino superior. **Avaliação** (Campinas) Sorocaba, v.19, n.1, p. 89-110, mar. 2014. Disponivel em: <http://www.scielo.br/scielo.php?script=sci_arttext&pid=S1414-40772014000100005&lang=pt> Acesso em 27 abril 2016.

TORRIGLIA, P. L; ORTIGARA, V. O campo das mediações: Primeiras aproximações para a pesquisa em políticas educacionais. In.: CUNHA, C.; SOUSA, J. V. de; SILVA, M. A. da (Orgs.). **O método dialético na pesquisa em educação.** Campinas, SP: Autores Associados, 2014.

VIDOR, A.; REZENDE, C.; PACHECO, E.; CALDAS , L. Institutos Federais: Lei n. 11.892 de 29/12/2008- Comentários e reflexões. In.: PACHECO, E. **Institutos Federais:** uma revolução na educação profissional e tecnológica. São Paulo: Moderna, 2011.

APÊNDICES

APÊNDICE A–Instrumentos de Produção de dados

Entrevista com os(as) Coordenadores(as) do Programa Permanência e Êxito e dos Eixos Tecnológicos

Campus: _____

1. Quais ações estão sendo desenvolvidas pelo PPE no campus?
2. Como vocês descrevem a educação ofertada pelo IF Farroupilha?
3. Qual a percepção de vocês sobre a criação desse programa?
4. Quais as causas da evasão e retenção que vocês mais percebem no campus?
5. O que vocês entendem por permanência e êxito?
6. Como vocês descrevem o trabalho pedagógico realizado nos cursos técnicos integrados e subsequentes? Percebem alguma diferença ou semelhança?
7. Como a comunidade está reagindo e participando do PPE?
8. Como vocês veem a participação e envolvimento da gestão para com o desenvolvimento do programa?
9. Há ações implementadas no campus específicas para os cursos integrados e subsequentes? Se sim, quais são elas.
10. Existem dificuldades ou desafios para o desenvolvimento das ações? Se sim, existe alguma iniciativa para melhorar?

154

APÊNDICE B- Questionário com os estudantes dos Cursos Técnicos Integrados e Subsequentes

UNIVERSIDADE FEDERAL DE SANTA MARIA
COLÉGIO TÉCNICO INDUSTRIAL DE SANTA MARIA
PROGRAMA DE PÓS-GRADUAÇÃO EM EDUCAÇÃO PROFISSIONAL E
TECNOLÓGICA

Você está sendo convidado a participar da pesquisa de Mestrado sobre o Programa Permanência e Êxito do IF Farroupilha. Esse questionário contem questões sobre o nível de conhecimento sobre o Programa Permanência e Êxito e os aspectos relacionados à evasão e à retenção (reprovação). Marque a opção que é mais correta para você.

1) Campus:
   a. ( ) São Vicente do Sul
   b. ( ) Júlio de Castilhos

2) Qual o curso que você realiza no IF? _____ E qual o ano ou semestre que você está no curso? _____

3) Você conhece o Programa Permanência e Êxito desenvolvido no IF Farroupilha?
   a. ( ) Sim
   b. ( ) Não

4) Qual o seu nível de satisfação em estudar no IF Farroupilha?
   a. ( ) Totalmente satisfeito
   b. ( ) Parcialmente satisfeito
   c. ( ) Satisfeito
   d. ( ) Parcialmente insatisfeito
   e. ( ) Insatisfeito

5) Existe algum tipo de acompanhamento pedagógico para os estudantes que

possuem alguma dificuldade no IF Farroupilha?

a. ( ) Sim, qual(is)?_____

b. ( ) Não

6) Você já precisou de acompanhamento pedagógico para alguma dificuldade no IF Farroupilha?

a. ( ) Sim

b. ( ) Não

7) Você já reprovou no IF Farroupilha ou na escola anterior?

a. ( ) Sim

b. ( ) Não

8) De forma geral, como você avalia o trabalho dos professores?

a. ( ) Totalmente satisfeito

b. ( ) Parcialmente satisfeito

c. ( ) Satisfeito

d. ( ) Parcialmente insatisfeito

e. ( ) Insatisfeito

9) Você trabalha ou estagia?

a. ( ) Sim

b. ( ) Não

10) Assinale a alternativa que melhor condiz com o tempo que você disponibiliza para estudo fora da sala de aula.

a. ( ) Totalmente satisfeito

b. ( ) Parcialmente satisfeito

c. ( ) Satisfeito

d. ( ) Parcialmente insatisfeito

e. ( ) Insatisfeito

11)Qual o nível de satisfação com o curso que você realiza?

a. ( ) Totalmente satisfeito

b. ( ) Parcialmente satisfeito

c. ( ) Satisfeito

d. ( ) Parcialmente insatisfeito

e. ( ) Insatisfeito

12) Você recebe ou recebeu algum tipo de ajuda financeira do IF Farroupilha (bolsa)?

a. ( ) Sim

b. ( ) Não

13) Qual o seu nível de motivação para realizar esse curso no IF Farroupilha?
a. (   ) Totalmente motivado
b. (   ) Parcialmente motivado
c. (   ) Motivado
d. (   ) Parcialmente desmotivado
e. (   ) Desmotivado

14) Como você avalia o relacionamento com seus colegas?
a. (   ) Totalmente satisfeito
b. (   ) Parcialmente satisfeito
c. (   ) Satisfeito
d. (   ) Parcialmente insatisfeito
e. (   ) Insatisfeito

15) Como você avalia o relacionamento com seus professores?
a. (   ) Totalmente satisfeito
b. (   ) Parcialmente satisfeito
c. (   ) Satisfeito
d. (   ) Parcialmente insatisfeito
e. (   ) Insatisfeito

16) Como você avalia a educação oferecida pelo IF Farroupilha?
a. (   ) Totalmente satisfeito
b. (   ) Parcialmente satisfeito
c. (   ) Satisfeito
d. (   ) Parcialmente insatisfeito
e. (   ) Insatisfeito

17) Os estudantes conseguem manifestar as suas opiniões. Assinale a alternativa que melhor condiz com a sua opinião.
a. (   ) Concordo totalmente
b. (   ) Concordo parcialmente
c. (   ) Indiferente
d. (   ) Não concordo parcialmente
e. (   ) Não concordo totalmente

18) O curso técnico que você está realizando hoje fará diferença no seu futuro profissional. Assinale a alternativa que melhor condiz com a sua opinião.
a. (   ) Concordo totalmente
b. (   ) Concordo parcialmente
c. (   ) Indiferente
d. (   ) Não concordo parcialmente
e. (   ) Não concordo totalmente

19) No seu curso, os conteúdos teóricos são experimentados na prática. Assinale a alternativa que melhor condiz com a sua opinião.

a. (   ) Concordo totalmente
b. (   ) Concordo parcialmente
c. (   ) Indiferente
d. (   ) Não concordo parcialmente
e. (   ) Não concordo totalmente

20) Para você, qual o principal fator para continuar estudando no IF Farroupilha?

_____
_____
_____
_____

21) Para você o que significa êxito?

_____
_____
_____

APÊNDICE C- Diário de Campo

Guia de observações para o Diário de Campo
Data da observação:
Campus observado:

Observações sobre o espaço físico do campus	
Atividades desenvolvidas	
Integração dos estudantes	
Integração dos servidores	
Circulação das pessoas nos diferentes espaços	
Organização do tempo	
Acolhimento	

APÊNDICE D- Termo de Consentimento Livre e Esclarecido

TERMO DE CONSENTIMENTO LIVRE E ESCLARECIDO

Título do estudo: O PROGRAMA PERMANÊNCIA E ÊXITO NO INSTITUTO FEDERAL FARROUPILHA: TRABALHO PEDAGÓGICO E FRACASSO ESCOLAR

Pesquisador responsável: Mariglei Severo Maraschin
Instituição/Departamento: Universidade Federal de Santa Maria/ Programa de Pós-graduação em Educação Profissional e Tecnológica- PPGEPT
Telefone e endereço postal completo: (55) 3220 9427. Avenida Roraima, 1000, Prédio 5- Bairro Camobi, Santa Maria, Rio Grande do Sul, CEP: 97105-900, Brasil.
Local da coleta de dados: *Campi* do Instituto Federal Farroupilha

Eu Mariglei Severo Maraschin, responsável pela pesquisa: O Programa Permanência e Êxito no Instituto Federal Farroupilha: trabalho pedagógico e fracasso escolar, o convidamos a participar como voluntário deste nosso estudo.

Esta pesquisa pretende analisar o desenvolvimento da Política Institucional implementada pelo Programa Permanência e Êxito (PPE) no Instituto Federal Farroupilha. Acreditamos que ela seja importante porque o número de estudantes que abandonam a escola antes do tempo previsto ou que reprovam são cada vez maiores e por isso a necessidade de pesquisarmos um programa que foi criado para diminuir esses índices. Para sua realização será feito o seguinte: uma entrevista individual com o coordenador das ações do PPE de cada campus e entrevista grupal com os coordenadores dos cursos técnicos integrados e subsequentes (Eixos Tecnológicos) e questionário para os estudantes dessas duas modalidades de ensino técnico. Sua participação constará de responder as perguntas sobre o Programa Permanência e Êxito que serão realizadas pelo pesquisador. Não há respostas certas ou erradas, você poderá responder da forma que achar melhor.

É possível que aconteçam os seguintes desconfortos: os resultados desta pesquisa poderão gerar desconforto, em virtude de possíveis falhas ou dificuldades encontradas no processo de implantação deste programa e necessidade de expor isso ao grupo, no caso dos grupos focais.

Os benefícios que esperamos como estudo são: a possibilidade de aprimoramento das ações do Programa e consequentemente maior êxito nas ações a fim de evitar a evasão e retenção.

Durante todo o período da pesquisa você terá a possibilidade de tirar qualquer dúvida ou pedir qualquer outro esclarecimento. Para isso, entre em contato com algum dos pesquisadores ou com o Comitê de Ética em Pesquisa.

Você tem garantida a possibilidade de não aceitar participar ou de retirar sua permissão a qualquer momento, sem nenhum tipo de prejuízo pela sua decisão.

As informações desta pesquisa serão confidenciais e poderão divulgadas, apenas, em eventos ou publicações, sem a identificação dos voluntários, a não ser entre os

responsáveis pelo estudo, sendo assegurado o sigilo sobre sua participação.
Os gastos necessários para a sua participação na pesquisa serão assumidos pelos pesquisadores. Fica, também, garantida indenização em casos de danos comprovadamente decorrentes da participação na pesquisa.

Autorização

Eu, _____, após a leitura ou a escuta da leitura deste documento e ter tido a oportunidade de conversar com o pesquisador responsável, para esclarecer todas as minhas dúvidas, estou suficientemente informado, ficando claro para que minha participação é voluntária e que posso retirar este consentimento a qualquer momento sem penalidades ou perda de qualquer benefício. Estou ciente também dos objetivos da pesquisa, dos procedimentos aos quais serei submetido, dos possíveis danos ou riscos deles provenientes e da garantia de confidencialidade. Diante do exposto e de espontânea vontade, expresso minha concordância em participar deste estudo e assino este termo em duas vias, uma das quais foi-me entregue.

Assinatura do voluntário

Assinatura do responsável pela obtenção do TCLE

Local,

APÊNDICE E- Termo de autorização da instituição

MINISTÉRIO DA EDUCAÇÃO
INSTITUTO FEDERAL DE EDUCAÇÃO, CIÊNCIA E TECNOLOGIA FARROUPILHA
R E I T O R I A

OFÍCIO Nº 0311/2016-GABINETE/Reitoria/IF Farroupilha

Santa Maria, 11 de julho de 2016.

À Senhora
ROZIELI BOVOLINI SILVEIRA
Mestranda do Programa de Mestrado em Educação Profissional e Tecnológica - UFSM/
CTISM

Assunto: Autorização para Pesquisa

Prezada Senhora,

Ao cumprimentá-la, eu, Reitora Substituta do Instituto Federal de Educação, Ciência e Tecnologia Farroupilha – RS, nomeada pela Portaria Nº 2.787, de 23 de dezembro de 2014, publicada no Diário Oficial da União – D.O.U. nº 249, Seção 2, página 29, de 24 de dezembro de 2014, no uso das atribuições legais e estatutárias, autorizo a realização da pesquisa intitulada "Permanência e Êxito: interfaces da evasão e retenção na educação profissional e tecnológica", a ser realizada no Instituto Federal Farroupilha.

Atenciosamente,

NIDIA HERINGER
Reitora Substituta
SIAPE Nº 1647110
Port. 2787/2014

Rua Esmeralda, 430 - 97110-060 – Faixa Nova – Camobi – Santa Maria – RS
Fone/FAX: (55) 3218 9802
E-Mail: gabreitoria@iffarroupilha.edu.br

162

APÊNDICE F- Termo de confidencialidade

TERMO DE CONFIDENCIALIDADE

Título do projeto: Permanência e Êxito: interfaces da evasão e retenção na educação profissional e tecnológica
Pesquisador responsável: Mariglei Severo Maraschin
Instituição: Universidade Federal de Santa Maria/ Programa de Pós-graduação em Educação Profissional e Tecnológica- PPGEPT
Telefone para contato: (55) 3220 9427 (Secretaria PPGEPT)
Local da coleta de dados: Campi do Instituto Federal Farroupilha

Os responsáveis pelo presente projeto se comprometem a preservar a confidencialidade dos dados dos participantes envolvidos no trabalho, que serão coletados por meio de entrevistas semiestruturadas, grupos focais e grupos de interlocução, nos campi do Instituto Federal Farroupilha em horário e data definidos anteriormente.

Informam, ainda, que estas informações serão utilizadas, única e exclusivamente, no decorrer da execução do presente projeto e que as mesmas somente serão divulgadas de forma anônima, bem como serão mantidas no seguinte local: UFSM, Avenida Roraima, 1000, prédio 5, Departamento do Curso de Pós-graduação em Educação Profissional e Tecnológica, sala 140, 97105-970 - Santa Maria - RS, por um período de cinco anos, sob a responsabilidade de Mariglei Severo Maraschin. Após este período os dados serão destruídos.

Este projeto de pesquisa foi revisado e aprovado pelo Comitê de Ética em Pesquisa com Seres Humanos da UFSM em ..../..../........, com o número de registro Caae ....

Santa Maria, 27 de junho de 20.16

....
Assinatura do pesquisador responsável

ANEXOS

ANEXO A – Mapa com a localização das Unidades do IF Farroupilha

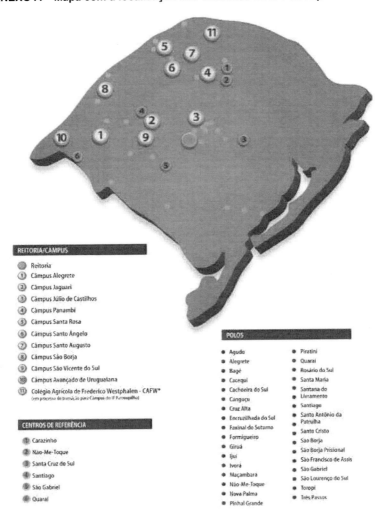

REITORIA/CAMPUS

- Reitoria
1. Câmpus Alegrete
2. Câmpus Jaguari
3. Câmpus Júlio de Castilhos
4. Câmpus Panambi
5. Câmpus Santa Rosa
6. Câmpus Santo Ângelo
7. Câmpus Santo Augusto
8. Câmpus São Borja
9. Câmpus São Vicente do Sul
10. Câmpus Avançado de Uruguaiana
11. Colégio Agrícola de Frederico Westphalen - CAFW*
   (em processo de transição para Câmpus do IF Farroupilha)

CENTROS DE REFERÊNCIA

1. Carazinho
2. Não-Me-Toque
3. Santa Cruz do Sul
4. Santiago
5. São Gabriel
6. Quaraí

POLOS

- Agudo
- Alegrete
- Bagé
- Cacequi
- Cachoeira do Sul
- Canguçu
- Cruz Alta
- Encruzilhada do Sul
- Faxinal do Soturno
- Formigueiro
- Giruá
- Ijuí
- Ivorá
- Maçambará
- Não-Me-Toque
- Nova Palma
- Pinhal Grande
- Piratini
- Quaraí
- Rosário do Sul
- Santa Maria
- Santana do Livramento
- Santiago
- Santo Antônio da Patrulha
- Santo Cristo
- São Borja
- São Borja Prisional
- São Francisco de Assis
- São Gabriel
- São Lourenço do Sul
- Toropi
- Três Passos

ANEXO B- Plano de Ações do Programa Permanência e Êxito

PLANO DE AÇÕES 2015

INSTITUCIONAL	ESTRATÉGIAS PARA A PERMANÊNCIA E ÊXITO
Servidores	1. Sensibilização e formação
Alunos evadidos/retidos	2. Pesquisa diagnóstica contínua das causas de evasão e retenção no IF Farroupilha.
FATORES DE EVASÃO E RETENÇÃO	**ESTRATÉGIAS PARA A PERMANÊNCIA E ÊXITO**
Fatores Individuais do aluno	
a. Dificuldade de adaptação à vida escolar / acadêmica	3. Desenvolver programa de acolhimento e acompanhamento aos alunos
b. Distanciamento da escola com a família (causa interna)	4. Ampliar os espaços de interação entre a instituição, a família e comunidade externa;
c. Deficiência da organização para os estudos	
d. Dificuldade de aprendizagem	
e. Formação escolar anterior deficitária	5. Projeto de organização da atividade estudantil
f. Desmotivação com o curso escolhido	
Causas externas	
g. Reconhecimento social do curso e valorização da profissão	6. Ações de divulgação da Instituição e dos cursos visando o reconhecimento dos cursos e valorização das profissões
h. Deficiência do processo seletivo	
i. Dificuldade de conciliar a vida acadêmica e as exigências do mundo do trabalho	7. Utilizar os procedimentos legais e estratégias pedagógicas possíveis para amenizar as dificuldades conforme cada caso específico
j. Dificuldade de participação e envolvimento nas atividades acadêmicas	
k. Questões de saúde do estudante ou familiar	8. Prevenção e orientação pelo serviço de saúde
l. Questões financeiras do estudante ou da família	9. Ampliação dos auxílios de assistência estudantil e bolsas de iniciação científica
m. Conjuntura econômica e social da região	
n. Dificuldade de trabalho para os egressos do curso	10. Implementação da Política de Atendimento ao Egresso
Fatores internos e externos à instituição	
o. Problemas relacionados a atualização, estrutura e flexibilidade curricular	11. Elaboração de Diretrizes Institucionais e revisão da organização didático pedagógica;
p. Cultura de valorização e identidade institucional	12. Programa Integrar
q. Carência de programas institucionais para os estudantes	13. Políticas de Atendimento ao Discente envolvendo Ensino, Pesquisa e Extensão conforme PDI
r. Gestão administrativa e financeira da Instituição (física, material, tecnológica, pessoal etc.)	14. Agilidade e transparência nos processos de gestão/comunicação institucionais
s. Falta de Formação continuada dos servidores	15. Formação de servidores do setor administrativo
t. Dificuldade com metodologias adotadas pelos professores (causa interna)	16. Programa Institucional de formação continuada dos servidores diretamente ligados ao ensino
u. Qualidade na escola de ensino fundamental ou médio do estudante (fator externo)	17. Atuação na formação continuada dos professores das Redes Públicas Municipais e Estadual
v. Demais fatores verificados pelo diagnóstico e acompanhamento permanente	18. Pensar ações específicas para cada fator identificado

10

PLANO DE AÇÕES 2015 – DETALHAMENTO

Institucional	Estratégias para a permanência e êxito	Ações	Período	Responsável
Servidores	1. Sensibilização e formação	Reunião com gestores para sensibilização	NOV ou DEZ	Comissão
		Formação com NPI e coordenadores	FEV (???)	Comissão e CAEN
		Apresentação do programa para os servidores dos Câmpus	MAR (1ª sem.) 2015	NPI
		Reuniões com os coordenadores do programa para acompanhamento	Bimestral	Comissão
Alunos evadidos/retidos	2. Pesquisa diagnóstica das causas de evasão e retenção no IF Farroupilha	Elaboração de projeto	2014	Comissão
		Pesquisa por curso	2015	Coordenadores de curso/eixo/ SAP SRA CAE

Fatores de evasão e retenção	Estratégias para a permanência e êxito	Ações	Período	Responsável
Fatores individuais do aluno				
a. Dificuldade de adaptação à vida escolar / acadêmica	3. Desenvolver programa de acolhimento e acompanhamento aos alunos	Encontros de acolhimento das turmas ingressantes	1º mês de aula	SAP Coordenadores e CAE
		Diagnóstico das turmas ingressantes ao final do primeiro mês de aula	1º mês de aula	Coordenadores e SAP
		Encontros de orientação para a vida escolar e acadêmica no IF FAR	1º semestre	SAP Coordenadores e CAE
b. Distanciamento da escola com a família (causa interna)	4. Ampliar os espaços de interação entre a instituição, a família e comunidade externa	Planejar a articulação com a família nas atividades do Câmpus	Planejamento anual	DE SAP CAE
		Articulação com a rede de proteção da criança e do adolescente e da mulher (quando necessário)	Continua	CAE
		Submissão de projetos de Ensino voltados para: organização e metodologias de estudo e nivelamento	Editais	Servidores
		Efetivação Recuperação Paralela	Continua	Docentes
c. Deficiência na organização para os estudos	5. Projeto de organização da atividade estudantil	Acompanhamento diário dos alunos (observações diárias sobre as turmas, incluindo a frequência do Integrado e subsequente)	Continua	Docente / SAP / CAE
		Criação de grupos de estudos (com base no diagnóstico)	Conforme a demanda	SAP / CAE
d. Dificuldade de aprendizagem		Disponibilizar videoaulas na Web TV com explicações sobre conteúdos de maior dificuldade para os estudantes	Continua	CGE / Docentes
e. Formação escolar anterior deficitária		Voltar os programas educacionais (PIBID/PET/LIFE) para o público interno	Continua	Coordenação PET/PIBID
		Programa de monitorias com os alunos de licenciatura para os alunos integrados	Edital PROJEN	Docentes

11

Fatores de evasão e retenção	Estratégias para a permanência e êxito	Ações	Período	Responsável
f. Desmotivação com o curso escolhido		Qualificação da divulgação dos cursos no processo seletivo; - divulgação do curso focada no perfil do egresso; - uso prioritário de divulgação direta; divulgação na Web TV; uso prioritário de divulgação via site (redimensionado) e redes sociais.	Continua	ASCOM
Causa externa		- Formação dos divulgadores		
		Programa de orientação profissional	Continua	Setor de saúde/psicólogo(a)
g. Reconhecimento social do curso e valorização da profissão	6. Ações de divulgação da instituição e dos cursos visando o reconhecimento dos cursos e valorização das profissões	Dia de divulgação do Câmpus (unificar a ideia do Fique por dentro) - elaborar projeto integrado de divulgação (e outras ações de divulgação, como dia de campo)	(unificar data e divulgar)	DPEP e ASCOM (projeto publicitário)
h. Deficiência do processo seletivo		Ações permanentes de valorização dos cursos: - Reuniões administrativas e pedagógicas dos cursos sobre ações de divulgação e valorização dos cursos com envolvimento dos servidores; - Envolvimento dos representantes de turmas - Envolvimento dos egressos com os alunos em curso	Continua	Coordenadores
i. Dificuldade de conciliar: a vida acadêmica e as exigências do mundo do trabalho		Articulação institucional com órgãos externos para valorização dos cursos – CONFIF; SETEC; CREA / CONFEA - Fóruns: FDE, PDI, FORPOG; FORPGRAD; FORPROEX, MDA e outros	Continua	PROEX / DPEP
		- Avaliação integrada		
	7. Utilizar os procedimentos legais e estratégias pedagógicas possíveis para amenizar as dificuldades conforme cada caso específico	- Planejamento do calendário de avaliações (evitar avaliações em datas festivas)	Continua	Docentes / SAP
j. Dificuldade de participação e envolvimento nas atividades acadêmicas		- Conciliar atividades presenciais com atividades não presenciais para orientação de estudos - Prevalência do qualitativo sobre o Quantitativo - Reconhecimento de Saberes para alunos do PROEJA		Docentes / SAP
			Continua	Docentes / SAP
		- Recuperação paralela	Continua	Docentes / SAP
k. Questões de saúde do estudante ou familiar	8. Prevenção e orientação pelo serviço de saúde	- Parcerias e convênios para encaminhamentos	Continua	Setor de saúde
		- Eficácia dos serviços de saúde	Continua	Setor de saúde
l. Questões financeiras do estudante ou da família	9. Ampliação dos auxílios de assistência estudantil e bolsas de iniciação científica	- Estágios	Continua	PROEX
		- Programa de Assistência Estudantil	Editais	CAE
		- Orientação e encaminhamentos pelo Serviço Social	Contínuo	Serviço social
m. Conjuntura econômica e social da região	10. Implementação da Política de Atendimento ao Egresso	- convênios com empresas etc. e consulta em entidades empresariais e de trabalhadores para verificação de demanda de trabalho (PNE 11.14)	Contínuo	PROEX
		Elaboração e socialização de relatórios da implementação do programa para os gestores do ensino	A partir 2013	PROEX
n. Dificuldade de trabalho para os egressos do curso		- Análise dos dados e implementação das políticas necessárias - Diagnóstico da atuação dos egressos (Ensino Superior/mercado de trabalho)	Anualmente	Coordenadores

12

Fatores internos e externos à instituição			2014	GTs / Coordenadores / PROEN
o. Problemas relacionados a atualização, estrutura e flexibilidade curricular	11. Elaboração de Diretrizes Institucionais e revisão da organização didático pedagógica.	Revisão dos PPCs com previsão de PPI/ACC/Disc. Eletiva/Estágios /Vistas Técnicas/Projetos de Pesquisa e Extensão	2014	PRDI / ASCOM
	12. Programa Integrar	Implementação	Contínuo	
p. Cultura de valorização e identidade institucional	13. Políticas de Atendimento ao Discente envolvendo Ensino, Pesquisa e Extensão conforme PDI	Monitoramento e avaliação das ações previstas na política de atendimento ao discente	Anual	CAE
q. Carência de programas institucionais para os estudantes		- Oferta de cursos com real demanda regional e conforme Res. CONSUP 25/2013	Planejamento dos cursos	Câmpus
		- Regularidade no pagamento dos auxílios estudantis (todos cumprirem os prazos)	Contínua	CAE / DAD
r. Gestão administrativa e financeira da instituição (física, material, tecnológica, pessoal etc.)	14. Agilidade e transparência nos processos de gestão/comunicação institucionais	- Normas internas que garantam o fluxo e a agilidade dos processos administrativos	2015	PROAD
		- Socialização do orçamento anual nos Câmpus no início de cada ano fiscal	Início do ano	DG
	15. Formação de servidores do setor administrativo	- Programa de Capacitação		PRDI
s. Falta de Formação continuada dos servidores	16. Programa Institucional de formação continuada dos servidores docentes ligados ao ensino	Reuniões pedagógicas de planejamento dos cursos. - Apresentação dos Planos da Disciplina por curso entre os docentes. Elaborar as possibilidades previstas nos PPCs, PPIs, vistas técnicas etc. Planejamento de ações integradas nos cursos. Realização de avaliações integradas Grupos de estudo orientados ou voluntários, apoio didático pedagógico para organização nos estudos.	Conforme planejamento	Coordenadores / SAP
t. Dificuldade com metodologias adotadas pelos professores (causa interna)		- Cursos de aperfeiçoamento		NPI SAP
		- Encontros de socialização de boas práticas;	Bimestral	Coordenação de Programas
u. Qualidade na escola de ensino fundamental ou médio do estudante (fator externo)	17. Atuação na formação continuada dos professores das Redes Públicas Municipais e Estadual	COMFOR/FEPAD Projetos de Extensão Programas Educacionais de formação continuada	Editais	Licenciaturas
v. Demais fatores verificados pelo diagnóstico e acompanhamento permanente	18. Pensar ações específicas para cada fator identificado	-	-	

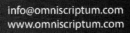

GROWING THROUGH GRIEF

SHARING OUR EXPERIENCE OF LOSS

David Durston

with

Linda Machin, Elizabeth Dunn,

Jim Quin and Keith Wassall

Series Editor: Tim Carr

BIBLE SOCIETY
Stonehill Green, Westlea, Swindon SN5 7DG, England

First published 1991

British Library Cataloguing in Publication Data
Growing through grief
  1. Grief
  I. Durston, David   II. Bible Society
  248.86

ISBN 0-564-05735-5

The extracts from "A Grief Observed" by C S Lewis on pages 6 and 13 are
reproduced by kind permission of the publishers, Faber & Faber Ltd.

The material quoted on pages 24–26 is by John Tittensor and is reproduced by
kind permission of *The Guardian* newspaper.

The pictures on pages 57–60 are based on illustrations by an unknown artist.

Printed in Great Britain by Stanley L. Hunt (Printers) Ltd.

Bible Societies exist to provide resources for Bible distribution and use. Bible
Society in England and Wales (BFBS) is a member of the United Bible
Societies, an international partnership working in over 180 countries. Their
common aim is to reach all people with the Bible, or some part of it, in a
language they can understand and at a price they can afford. Parts of the Bible
have now been translated into approximately 1,900 languages. Bible Societies
aim to help every church at every point where it uses the Bible. You are invited
to share in this work by your prayers and gifts. The Bible Society in your country
will be very happy to provide details of its activity.

CONTENTS

Anyone is free to look at the notes for leaders of
Growing through Grief
groups on pages 43–55.
Leaders should study them carefully.

WELCOME

Welcome to this *Growing through Grief* group.

You may have experienced a bereavement which caused you a great deal of grief. You may often have wondered, "Why did God let it happen? What have I done to deserve this?" In the group you will meet other people who are asking similar questions. You will have the chance to think them through together.

Please note, however, that if you are within eighteen months of a painful bereavement or divorce, we advise you to wait a year before joining a group.

It may be you have never lost a member of your family or a friend who was close to you, but have seen it happen to other people and wondered, "Why did it happen to him?" "Why is she behaving like this?" You will have experienced other kinds of loss—moving home perhaps, losing friends and places you loved, a divorce or estrangement in the family, an accident or an illness which meant you lost an opportunity you will never have again. These other kinds of loss produce their own kind of grief. As you remember them, you will learn about *Growing through Grief*. As you think about the deep questions that suffering and death raise, remember that there are no easy answers. If there were, someone would have found them a long time ago.

A DIFFERENT KIND OF LEARNING

People who join a group hoping to learn something often come expecting to be taught. They come looking to the leaders to give them answers. A *Growing through Grief* group has a different approach. It gives you a chance to explore your own experience together, with the Bible to guide and help you.

1

Your experience is very important. You can learn a great deal from it. When you share it with others, they can learn from it too, just as you can learn from theirs. The rule is: the more you share together, the more you all gain.

Your feelings play an important part in helping you to learn, or stopping you from learning. Feelings matter, so don't hide them, even if sometimes it is uncomfortable expressing them. Our feelings can help us to understand the Bible better. They help us to enter more deeply into the meaning of what it contains. The Bible helps us to put our thoughts and feelings in a wider context. We see connections with what people in the Bible thought and felt and said.

If other people in the group are to be free to say what they really thought and felt and did, they will need to feel safe in doing so. They will want to know you will accept them and not be critical of them. Your reactions will matter as well as the leaders'.

You may well find it helpful to bring a notebook and pencil to meetings so that you can write down your thoughts and remember them afterwards.

A PROVERB FROM THE BIBLE

Beg for knowledge; plead for insight. Look for it as hard as you would for silver or some hidden treasure. If you do, you will know what it means to fear the LORD and you will succeed in learning about God.

Proverbs 2.3–5

That makes learning sound rather like hard work. You have to put your heart into it. But looking for treasure can be very exciting. We hope you will find this group exciting too.

FIRST MEETING

"WHAT HAPPENED WAS . . ."
Beginning to tell our stories

AIM

To help you get to know one another and feel comfortable in the group, and to look forward to the rest of the course.

INTRODUCTION

At the start you may well be in a room full of strangers, and the room itself may be unfamiliar to you. Even the experience of being in a group of this kind may be a new one, and the expectation of talking about events that have been (and perhaps still are) painful, can cause anxiety.

You, like everyone else in the group, bring to it a history of sadness and happiness, of ups and downs, strengths and uncertainties. Reflecting on this gives us a picture of ourselves and tells others something about us. Has life gone well for us? Have we had more than our share of troubles? Do we know what are the sources of our strength? Recall what has been said in the general introduction about the importance of experience, and how we can learn from our own and also that of others. This is what we will have the opportunity to do as we come together in a group.

A NOTE ABOUT PRAYER

In a group concerned with Christian understanding of suffering and grief the place of prayer needs to be considered carefully. It is therefore important to spend some time during the first session discussing what place (if any) prayer will have in the life of the group, and perhaps working out a form of prayer which has general agreement and does not leave anyone feeling uncomfortable. This may mean, for example, that some members accept a form of prayer that is shorter and more formal than they would have chosen. Don't underestimate the importance of this discussion of prayer and working towards an agreement in setting the tone for the life of the group.

IN THE MEETING

The leaders may introduce themselves first.

Then, as a group, tell one another who you are and where you come from. Say briefly what you would like the group to know about you. If you would find it easier to introduce yourself to one other person first, in pairs, do so first, before introducing yourself to everyone.

(Time guide 30 minutes)

In pairs, share your expectations, hopes and anxieties about the group meetings with each other.

(Time guide 5 minutes)

One of the leaders gives a brief introduction to the course, explaining the themes of each meeting and saying something about the style of the course. If you have any questions, now is your chance to ask them.

(Time guide 10 minutes)

One of the leaders then introduces the idea of reflecting on one's story. You may like to look at the paragraph on this in the introduction.

(Time guide 5 minutes)

In pairs, tell each other your story of loss and sorrow. Make sure you each have ten minutes for this. It may help if one of the leaders keeps the time.

(Time guide 20 minutes)

Come together as a group and reflect on this experience. These questions may help you:

- What was good about reflecting and thinking together?
- What was difficult about it?
- What could make it easier for me?

(Time guide 10 minutes)

Discuss what place you want prayer to have in the group. The paragraph in the introduction to this meeting may help here.

(Time guide 10 minutes)

End the meeting with prayer, if appropriate. Someone might like to read aloud Psalm 23.

> *The LORD is my shepherd;*
> *I have everything I need.*
> *He lets me rest in fields of green grass*
> *and leads me to quiet pools of fresh water.*
> *He gives me new strength.*
> *He guides me in the right paths,*
> *as he has promised.*
> *Even if I go through the deepest darkness,*
> *I will not be afraid, LORD,*
> *for you are with me.*
> *You shepherd's rod and staff protect me.*
>
> *You prepare a banquet for me,*
> *where all my enemies can see me;*
> *you welcome me as an honoured guest*
> *and fill my cup to the brim.*
> *I know that your goodness and love will be with me all my*
> *life;*
> *and your house will be my home as long as I live.*

BEFORE THE NEXT MEETING

Look at the following description by C S Lewis of his feelings after losing his wife. Try to answer the questions that follow the passage.

An odd by-product of my loss is that I'm aware of being an embarrassment to everyone I meet. At work, at the club, in the street, I see people, as they approach me, trying to make up their minds whether they'll "say something about it" or not. I hate it if they do, and if they don't. Some funk it altogether . . . Perhaps the bereaved ought to be isolated in special settlements like lepers.

C S Lewis, A Grief Observed

Please read the passage slowly and carefully and try to answer the following questions. You may like to make a note of your answers so that if you want to you can share them with others at the next meeting.

1. Lewis speaks about "being an embarrassment" because of his grief and loss. Is this something that has happened to you:
   - occasionally?
   - very frequently wherever you went?
   - not at all?
   - only with friends?
   - only with people who did not know you well?
   - just with close family?
   - on any other occasion?

2. If it has happened to you, can you say what you felt like doing when it happened?

3. Have you found it embarrassing to meet someone else who has recently been bereaved? Can you remember who and when?

4. If you have been bereaved can you remember how people made contact with you?
    *   In the street?
    *   On the phone?
    *   By post?
    *   By calling at the house?
    *   Any other way?
    Which was most helpful? Can you say why?

GROUP GUIDELINES

Please think about these guidelines for being a member of a *Growing through Grief* group. If you like you can tick those things you are prepared to do to the best of your ability.

1. Everyone has something to contribute, so:
    - [ ] we are going to encourage each other to speak;
    - [ ] we are going to listen sensitively to each other;
    - [ ] we are going to take the risk of making our own contribution.

2. Everyone has something to learn, including the leaders, so:
    - [ ] we are going to help each other to appreciate new ways of looking at things, and try out new ways of responding to situations.

3. This course is based on the principle of learning by reflecting on experience, so:
    - [ ] we expect to learn by working out new understanding for ourselves;
    - [ ] we do not expect to be given answers;
    - [ ] we may decide to change the way we have always believed or acted.

4. Disagreement is acceptable and may be helpful in working out new understanding, so:

☐ we are going to say so if we honestly disagree with others;

☐ we are not going to resent it if others disagree with us;

☐ we are always going to try to understand why we disagree.

5. The expression of feeling is acceptable, including negative feelings which may seem to be destructive, so:

☐ we are going to be as open as we can in saying what we feel, and respect others for their honesty.

SECOND MEETING

"WHEN IT HAPPENED, I FELT . . ."
Sharing feelings of grief

AIM

To give you an opportunity to share your experience of grief in greater depth than in the last meeting.

INTRODUCTION

The main part of the meeting starts by using "trigger pictures". The value of these is that they enable people to get in touch with feelings about events and situations of the past. Sometimes people are surprised at how strong their feelings are about things that happened years ago.

If the pictures and the memories they arouse trigger off strong feelings in you, do not try to suppress them but share them with someone else in the group, or with the whole group.

Seeing someone else get upset or angry can be disturbing. If this happens, remember that it is not what you have said or done that has upset them. It is their memories from the past, the experience that they have been through, that is causing their distress or anger. They want to know that you understand how they feel and accept them as they are, not thinking any worse of them because of what they have said. Your respect for their honesty and openness will be an important support for them.

9

IN THE MEETING

Spend a few minutes thinking back over last week's meeting. Was anything in it particularly important to you? Did you feel uncomfortable about anything in it? Have you had any thoughts since last week that you would like to talk about with the group?

If you have anything to say, say it. This is not the moment for discussion, but others will be interested to know what you are thinking.

(Time guide 5 minutes)

Discuss people's answers to the questions about the passage from C S Lewis's book. Start with each member discussing with the group one thought or feeling stimulated by this. When everybody has said something, anyone can share other thoughts and feelings.

(Time guide 20 minutes)

Spend a few minutes looking at the trigger pictures (pages 57–60). Then choose a personal memory which has been echoed by one of the pictures. Sit quietly on your own and try to recall the details of the experience.

How old were you? Where were you living? Who was with you? What happened? How did you react? What were your feelings?

You might like to jot down some notes to help you tell your story.

(Time guide 10 minutes)

Divide into pairs and then describe your experience to your partner. Encourage each other to focus on your feelings and how you responded to them. Make sure you have ten minutes each for this. It may help if one of the leaders keeps the time.

(Time guide 20 minutes)

Come together as a group and reflect on the experiences you shared in pairs. Questions that may help you:

- What was good about thinking and talking together?
- What was difficult about it?
- How could it be made easier for me?

(Time guide 20 minutes)

Ask someone to read the following Bible passage aloud. Think about it quietly for a moment, and then ask them to read it again. Then work individually on the questions, before discussing them.

(Time guide 10 minutes)

> *Listen to my prayer, O LORD,*
> *and hear my cry for help!*
> *When I am in trouble,*
> *don't turn away from me!*
> *Listen to me,*
> *and answer me quickly when I call!*
>
> *My life is disappearing like smoke,*
> *my body is burning like fire.*
> *I am beaten down like dry grass.*
> *I have lost my desire for food.*
> *I groan aloud;*
> *I am nothing but skin and bones.*
> *I am like a wild bird in the desert,*
> *like an owl in abandoned ruins.*
> *I lie awake;*
> *I am like a lonely bird on a house-top.*
> *All day long my enemies insult me;*
> *those who mock me use my name in cursing.*
>
> *Because of your anger and fury,*
> *ashes are my food,*
> *and my tears are mixed with my drink.*
> *You picked me up and threw me away.*
> *My life is like the evening shadows;*
> *I am like dry grass.*
>
> ***Psalm 102.1–11***

11

Does anything in this passage speak to your own experience?

☐ *Life disappearing like smoke* — life feels unreal, pointless, drifting

☐ *Beaten down like dry grass* — everything flat, dry, brittle

☐ *Lost desire for food* — no appetite, everything tasteless

☐ *Groan aloud* — or inwardly?

☐ *Owl in abandoned ruins* — feelings of desolation, isolation

☐ *Lie awake* — sleep is difficult

☐ *Because of your anger* — sense of guilt, feeling God is punishing you

☐ *Picked me up and threw me away* — feeling worthless, that God has rejected you

☐ *Life like evening shadows* — sense of darkness, threatening to swallow you up

Which phrases strike you as being particularly true or powerful? Tick them.

Are there important parts of your own experience of grief that are not reflected in this passage?

Discuss your answers with the rest of the group.

Look back over the meeting. If you feel it has been rather heavy or depressing, try to find something positive that has come out of it, something you have learned, something that you have been glad to say, or something another member seems to have gained from it. If you find something, share it with the group.

(Time guide 10 minutes)

End the meeting with prayer as agreed.

BEFORE THE NEXT MEETING

Read through the following passage and think carefully about

12

the questions that go with it. You may like to make a note of
your answers.

*Meanwhile, where is God? . . . When you are happy . . . and
turn to Him with gratitude and praise, you will be—or so it
feels—welcomed with open arms. But go to Him when your
need is desperate, when all other help is vain, and what do you
find? A door slammed in your face, and a sound of bolting and
double bolting on the inside. After that, silence. You may as
well turn away. The longer you wait, the more emphatic the
silence will become. There are no lights in the windows. It
might be an empty house. Was it ever inhabited? . . . What can
this mean? Why is He so present a commander in our time of
prosperity and so very absent a help in time of trouble?*
C S Lewis, A Grief Observed

Read the passage twice, slowly and carefully, and then try to
answer the following questions:

1. Have you ever felt happy, praised God, and felt welcome?
    If you have, describe one instance briefly.

2. Has your experience of suffering meant that you have felt:
    ☐ the door slammed in your face;
    ☐ the house empty;
    ☐ that there was no one there to help?
    Tick any that apply to you.

3. Where did you look for help?
    ☐ Prayer to God?
    ☐ The vicar, priest, or minister?
    ☐ The doctor?
    ☐ Going to church?
    ☐ Family?
    ☐ Friends?
    ☐ Anyone/anywhere else?
    Again, tick any that apply.

4. Where did you find help? Or are you still looking?

THIRD MEETING

"I'M SORRY I GOT UPSET . . ."
Healing through grieving

AIM

To look at the place of tears and anger in times of loss, bereavement, and pain.

INTRODUCTION

Tears have been called "nature's own safety-valve". They are a release of energy, a way of relieving tension. Weeping is often a healing process. Just as tears physically wash away a painful irritant in the eye, so, emotionally, they wash away the irritants and pain in life.

But weeping communicates pain and hurt to others. Frequently people feel uncomfortable when someone cries in their presence. They may try to stop them from crying, perhaps by saying something like:

"You've got to pull yourself together!"
"It's no use feeling sorry for yourself!"
"Tears never mended anything!"

As a result many people feel that it is just "not done" to cry in someone else's presence. They find it hard to "let go" like that because they are afraid it will be seen as weakness.

In this week's meeting you will have the chance to discuss whether this is a helpful attitude or not. Is it sensible that someone who is mourning should only cry when they are on their own? Weeping in the presence of someone else is an expression of trust in them, and opening up deep feelings is a way into a closer relationship.

Anger and rage are among the basic passions of humankind. Rage is a natural expression of revolt against "the way things are" when they are felt to be intolerable. Someone who has been bereaved can expect to feel anger and rage at their loss and pain. A display of rage (like tears or sobbing) releases pent-up energy.

Many people feel it is childish to show this anger, a sign of being out of control. They try to control it, to bottle it up, but it usually comes out in other ways. Often the anger is turned inward and leads to depression. Depression can often be understood as anger which is not expressed outwardly but is turned in on oneself. Sometimes when anger is expressed, it is misdirected, so that those who are trying to help bear the brunt of it; relatives, friends, doctors, and nurses, for example, find themselves attacked. Sometimes the anger is not expressed in any outburst but in a general irritability which is very difficult to cope with.

In this meeting you will have the chance to discuss how and when anger can be expressed. If someone who has been bereaved is full of anger at their loss and pain, when can they express it?

If someone cries or rages in the presence of people who misunderstand their tears or anger, that person may be made to feel that they have behaved inappropriately. This is so common that many people suppress their feelings, and as a result get "out of touch" with them. They need a "safe place" in which to express them. That is, they need a person who is sufficiently caring and understanding to give time and support to the expression of the pain that is felt.

The group will have a chance to discuss both how you can find a safe place if you feel you need it, and how you can provide a safe place for others in need.

IN THE MEETING

Spend a few minutes looking back over the last meeting.

Was anything in it particularly important to you? Did you feel uncomfortable about anything in it? Have you had any thoughts about it since then which you would like to share with the group?

(Time guide 10 minutes)

One of the leaders will introduce the theme very briefly by commenting on a few points in the introduction. This is simply to get the group going. The time for discussion will come later.

(Time guide 5 minutes)

Work individually on the questions below. Your answers to these questions are private, and you are not expected to share them with anybody unless you want to. Your answers may help you to join in the group discussion later in the session, so you may like to make a note of them.

(Time guide 15 minutes)

1. How frequently do you shed tears?
2. When did you last really cry?
3. What were the circumstances?
4. What produced the tears?
5. How did crying feel?
6. What was the response of other people?
7. How often do you get angry?
8. When were you last really angry?
9. What caused you to be angry?
10. How did you express your anger?
11. Did you feel that was the best way of dealing with it?

12. What was the reaction of other people?
13. What do you feel when others are angry?
14. What was the best support you have experienced when you were sad and/or angry?
15. When do you think you have offered the most appropriate support to someone who was sad and/or angry?

Read this conversation between Anne, a counsellor, and June, whose husband died eighteen months ago, and who has come to see Anne.

(Time guide 10 minutes)

ANNE: *Tell me, June, how did you feel about coming to see me today? I believe your GP suggested this visit?*

JUNE: *Yes, I went to see the doctor because I was feeling so tired and listless and sometimes I get pains in my chest. I expected him to give me some tests to see if my heart was all right, and also some pills.*

ANNE: *And what did he say?*

JUNE: *He did do some tests, but he said there was nothing wrong with my heart, so, no pills. He thought it was all in my mind.*

ANNE: *How did that feel for you?*

JUNE: *I was very annoyed really. Bill, my husband, died exactly eighteen months ago last week, and I felt I was doing very well. I'd got over it and had started a new life—a new job and new friends. I'm sure all I need is some pills to help me keep going now.*

ANNE: *How did you cope with your husband's death?*

JUNE: *Oh, I have some very good friends, neighbours and others. They all helped me a lot, taking me out and having me round for meals with the*

17

children. *They even arranged for us to be with another family at Christmas. We were never left alone to brood. You see, Bill was ill for a long time, in and out of hospital with heart attacks, but he wouldn't give in to it and tried to live normally. He never talked about his illness, and always said he was fine when anyone asked him.*

ANNE: *Did you and he ever discuss his illness or talk about what would happen?*

JUNE: *Oh no! I suppose we thought if we didn't think about it, it might go away. I wish we had now though. I wish we could have faced this together. It has been so lonely and I've had to learn so much about paying bills and making ends meet. Still, I put a good face on it all and smile my way through.*

ANNE: *What was most helpful to you then?*

JUNE: *I couldn't have managed without my friends and neighbours, so I owe it to them now to be cheerful, don't I? Even at the funeral I was really good, you know. Lots of people were crying, but I stood straight and looked ahead of me—didn't shed a tear. It was a lovely service, they all said. I would have let Bill down if I'd made a fool of myself in front of all those people. Very embarrassing for everyone.*

ANNE: *It sounds to me like a good performance. How do you feel about crying now?*

JUNE: *What about? I've got over Bill's death, as I told you. I tried never to cry in front of other people or the children. I did plenty of crying into my pillow at night, but I had to pull myself together and get on with life. You can't go around crying all the time, can you? People*

*don't want to be with a misery, and anyway you
can't get things done. Crying makes you so
tired.*

ANNE: *Do you ever feel bitter or angry about your
husband dying?*

JUNE: *Oh, I did to start with. Why my Bill when so
many bad people are about—criminals and
men who hurt their children. Sometimes I do
feel a bit 'nasty' when I see happy married
couples out shopping together, or just going for
a walk, but I've got to accept God's will,
haven't I? He must know what he's doing and I
must trust him . . .*

This is the time for a full discussion. Use these questions to get
you started.

- How do you feel if someone cries in your presence?
- How do you feel about crying in the presence of others?
- What signs of anger or resentment have you noticed in
  your own or others' grieving?
- How do you feel when other people express their anger
  against someone else? Against you?
- Are you usually able to express your own anger or
  resentment openly? What helps or hinders this?

(Time guide 30 minutes)

Read the Bible passages round the group, and after a few
minutes' silence discuss the question at the end.

(Time guide 15 minutes)

A sufferer's cry from the heart, which Jesus himself
prayed as he suffered on the cross.

*My God, my God, why have you abandoned me?
I have cried desperately for help,
    but still it does not come.
During the day I call to you, my God.*

19

but you do not answer;
   I call at night,
      but get no rest.

Psalm 22.1–2

Job, grieving over the undeserved loss of his home, his family, his fortune and his health, expresses his feelings to God.

No! I can't be quiet!
   I am angry and bitter.
   I have to speak . . .
I lie down and try to rest;
   I look for relief from my pain.
But you—you terrify me with dreams;
   you send me visions and nightmares
   until I would rather be strangled
   than live in this miserable body.
I give up; I am tired of living.
Leave me alone. My life makes no sense."

Job 7.11,13–16

Jesus hears of the illness and death of his friend Lazarus.

A man named Lazarus, who lived in Bethany, was ill. Bethany was the town where Mary and her sister Martha lived . . . The sisters sent Jesus a message: "Lord, your dear friend is ill" . . .

Jesus loved Martha and her sister and Lazarus. Yet when he received the news that Lazarus was ill, he stayed where he was for two more days . . .

When Jesus arrived, he found that Lazarus had been buried four days before . . . Mary arrived where Jesus was, and as soon as she saw him, she fell at his feet. "Lord," she said, "if you had been there, my brother would not have died!"

Jesus saw her weeping, and he saw how the people who were with her were weeping also; his heart was touched, and he was deeply moved. "Where have you buried him?" he asked them.

"Come and see, Lord," they answered.

Jesus wept. "See how much he loved him!" the people said.

John 11.1,3,5–6,17,32–36

What do these passages, and your own experience, say about the place of tears and anger in suffering and grief?

Some final questions to discuss:

- With whom and where is it "safe" for you to express tears and anger?
- Where would you look for a "safe place"?
- How can we help make the expression of tears more acceptable in our society?

Share your answers to questions 1–15 above if you feel it is appropriate.

BEFORE THE NEXT MEETING

Look again at the answers you gave to the questions about yourself in the last session, re-read the Bible passages and read the Bible passages below. Think about the questions at the end.

In exile, far from his home and the Temple in Jerusalem where he used to worship God, the writer looks back in longing.

Day and night I cry,
    and tears are my only food;
all the time my enemies ask me,
    "Where is your God?"

My heart breaks when I remember the past,
    when I went with the crowds to the house of God
    and led them as they walked along,
    a happy crowd, singing and shouting praise to God.
Why am I so sad?
    Why am I so troubled?
I will put my hope in God,
    and once again I will praise him,
    my saviour and my God.

21

Here in exile my heart is breaking,
*   and so I turn my thoughts to him.*
He has sent waves of sorrow over my soul;
*   chaos roars at me like a flood,*
*   like waterfalls thundering down to the Jordan . . .*

Psalm 42.3-7

This passage expresses the grief the writer felt over the destruction of Jerusalem by the Babylonian army in 586 BC.

He has shut me in a prison of misery and anguish . . .
I cry aloud for help, but God refuses to listen . . .
I have forgotten what health and peace and happiness are.
I have not much longer to live; my hope in the Lord is gone.
The thought of my pain, my homelessness, is bitter poison;
I think of it constantly and my spirit is depressed.
Yet hope returns when I remember this one thing:
The Lord's unfailing love and mercy still continue . . .

Lamentations 3.5,8,17–22

In these passages Job is angry and the writers of the Psalms are heartbroken, although they still trust in God. The writer of Lamentations seems to swing between hopelessness and despair, and returning hope.

- Do any of the passages match with your experience, past or present?
- Have you ever wanted to talk to God like any of these writers? Which of them? Were you able to? Do you want to now? If so, can you?
- Is there anyone in the group whom you feel might want to talk to God like that?
- How would you feel if they talked to God like that when you were there?

FOURTH MEETING

"WHY DID GOD LET IT HAPPEN?"
Exploring the meaning of loss

AIM

To look at the "why" of suffering and explore the meaning of loss.

INTRODUCTION

Making sense of the things that happen to us is part of being human. It is a process which comes to the fore when suffering is at the centre of our experience.

The early question "why" posed by many bereaved people is an anguished cry for help. It does not require the response "Because . . .", even supposing anyone has an answer. It is a cry of pain, which expresses the "fearful and uncontrollable intensity" of loss like that felt by the bereaved father who describes his loss below.

As people move beyond this point and the strands of pain become less confused, the question "why" may indicate that the process of healing is taking place and that they want to make sense of their experience. When we stand alongside those who grieve we need to understand that the answers to their question "why" can only be achieved at their own pace, as insights become real to them, and not as we might seek to impose our ideas upon them.

Many, if not all, of the group members will have the comfort of belief in life after death, of the Christian hope of the resurrection. They may want to explore what difference this belief makes. When they read the bereaved father's story it is important that they do not take his lack of belief as a reason for the intensity of his grief in the early stages. Belief in the resurrection is not an antidote to grief, but a support in bearing the pain of grief and finding God in its depths.

IN THE MEETING

As a group, spend a few minutes listening to anyone who wants to share something they felt was important that came out of the last meeting.

(Time guide 10 minutes)

Read the account of bereavement given below.

(Time guide 5 minutes)

It was about a year after the death of my two children that I began to think of myself as convalescent. And now, another year on, I realize that I have a lifetime's task before me; I see myself as someone who all but died of some terrible illness and is now gradually recovering—even as I accept the fact that I can never be completely well again.

Jonathan and Emma were nine and seven when the fire destroyed my ex-wife's house in the hills outside Melbourne. A hysterical telephone summons at 2 am; a thirty-mile drive I have almost no memory of making; and then I was watching numbly as the firemen chopped at the smoking wreckage in search of their bodies, answering numbly as a policeman put to me, twice over, questions from a form headed "Report of Death". With no warning I had been cast into hell; and the feelings that arise within me as I write about the experience— the pain and continuing disbelief, the mounting anxiety—tell me that I am still a long way from having emerged from that hell.

24

It can be shared, paradoxically, only with those for whom you grieve. I was not just another careless divorced father; I loved and prized my children, had them to stay every weekend, delighted in the flowering of their beauty and their separate talents. And with them so abruptly gone it seemed that nothing remained but me and my loss, a loss I lived, in those first weeks, with a fearful and uncontrollable intensity.

Around me I saw only people with no concept of what had been done to me, a world to which I no longer had any obligations. I drank continuously and took massive doses of tranquillizers, leaving it to my second wife and my friends to see to me when, at the end of each day, I collapsed into near-unconsciousness. I think I was actually mad then — crazed with grief and filled with a blind despairing anger at the knowledge that what had been taken from me could never be restored.

But what do you actually do in these first stages of grieving? How — apart from systematically stupefying yourself — do you pass the hours that stretch endlessly, mercilessly, ahead? You wake each morning filled with absence; with the sensation that all of your existence has evaporated except for an immense heaviness which is both yourself and the crushing weight of your loss. For relief you begin to cry.

In time you get up, shower, dress — eat, even; but all the time with the feeling that none of these things is possible any more. You wander through the house picking up objects at random and putting them down again. You weep intermittently, perhaps for a few seconds, perhaps for ten or fifteen minutes. You wring your hands because there is nothing else to do with them. From time to time you have an attack of trembling. Then the house becomes claustrophobic, so you drag yourself out into the garden; and from the heart of the vast emptiness you now inhabit you see the material world looking just as it always has but somehow transformed, somehow beyond — a world in which you no longer have any place.

You haunt the places where your children used to play, calling them by name and actually listening for their voices in reply. You're mad, no question.

There are no happy endings to this kind of story. My children have a memorial of a kind. I wrote about their death and my grief. I have a few random mementos that survived the fire and many cruelly happy memories of them. And since I do not expect to find them again in any afterlife, I strive now as determinedly and undramatically as I can, to live the rest of my life in a way that acknowledges all they gave me.

John Tittensor, published in The Guardian

Quietly, on your own, think over the experience described, and your own feelings as you read it. For example:

- What did you feel when you read that account of grief?
- What are the questions about suffering that this experience raises?

(Time guide 5 minutes)

Come together as a group and share your thoughts and feelings, and the questions about suffering that the account raised for you. If it would be helpful, use these questions.

- In what ways can grief be seen as a route to healing?
- How could we respond to someone showing symptoms such as drinking, taking tranquillizers, crazed with grief or filled with despairing anger?
- When faced with someone else's grief, how do we deal with our own sense of powerlessness?
- How would you describe a "good friend" for someone in mourning?
- Where can we see God in this situation?

(Time guide 45 minutes)

Read the Bible passages, perhaps aloud, round the group.

Write down your responses to the passages. One way might

be to give one of the four responses below, or choose some of your own.

- A strength and a comfort.
- An important idea: I need to think about it.
- True, but does not help me.
- Not true, misleading.

If none of these fits, use your own words to describe your response to each passage.

(Time guide 5 minutes)

Paul writes about God's plan for the world he has made, of its present pain and its future glory.

We know that in all things God works for good with those who love him . . .

Romans 8.28

Paul writes about a painful physical ailment he was suffering.

Three times I prayed to the Lord about this and asked him to take it away. But his answer was: "My grace is all you need, for my power is greatest when you are weak." I am most happy, then, to be proud of my weaknesses, in order to feel the protection of Christ's power over me.

2 Corinthians 12.8–10

One of Job's friends argues that his sufferings are the result of his sin.

It is not because you stand in awe of God
  that he reprimands you and brings you to trial.
No, it's because you have sinned so much;
  it's because of all the evil you do.

Job 22.4,5

Paul sees all that he has gone through in spreading the gospel as a sharing in the sufferings of Christ.

And now I am happy about my sufferings for you, for by means of my physical sufferings I am helping to complete what still remains of Christ's sufferings on behalf of his body, the church.

Colossians 1.24

In groups of three or four, share your reactions, and explain the thinking that lies behind them. If there is time, you might like to discuss these as a whole group.

(Time guide 20 minutes)

End the meeting with prayer if you wish.

BEFORE THE NEXT MEETING

Look again at your responses to the Bible passages. Would you like to change any of them as a result of the discussion in the group? Would you like to add anything to them?

Here are some further passages from the Bible to think about. Again write down your responses.

Paul likens life in the service of the gospel to the discipline of an athlete whose strength and skill are tested and so developed.

> *Every test that you have experienced is the kind that normally comes to people. But God keeps his promise, and he will not allow you to be tested beyond your power to remain firm; at the time you are put to the test, he will give you the strength to endure it, and so provide you with a way out.*
>
> **1 Corinthians 10.13**

From Jesus' words in John's Gospel as he looks towards his own death.

> *. . . a grain of wheat remains no more than a single grain unless it is dropped into the ground and dies. If it does die, then it produces many grains.*
>
> **John 12.24**

One of Job's friends argues that men and women always bring trouble on themselves. It is part of human nature.

Man brings trouble on himself, as surely as sparks fly up from a fire.

Job 5.7

The prophet Isaiah writes about the servant of the Lord. In the New Testament this is seen as a picture of Jesus.

. . . he endured the suffering that should have been ours, the pain that we should have borne. All the while we thought that his suffering was punishment sent by God. But because of our sins he was wounded, beaten because of the evil we did. We are healed by the punishment he suffered, made whole by the blows he received.

Isaiah 53.4,5

As you look back over all these passages and those given in the fourth meeting, which best expresses the way you understand your own grief and suffering?

FIFTH MEETING

SAYING GOODBYE
Letting go of someone special

AIM

To explore what is involved when relationships come to an end.

INTRODUCTION

Goodbyes are part of everyday life. Yet each goodbye is "a little death". In it we separate from someone or something, and so rehearse in some small way the final parting of death.

This meeting looks at a variety of different goodbyes, trivial and profound, comic and tragic. Exploring the feelings involved in these partings provides a way of exploring the feelings that are involved in the last goodbye of bereavement.

To do this it is suggested that you use role play. It may be you have never come across role play before. Perhaps the best way of describing it is to say that you take a role as you might in a play but you are not given a script or lines to learn. You simply act it out the way you think it would be. No acting ability is needed. You simply do it.

The value of role play is that it gives people the chance to look at what happens, discuss it and learn from it without it being embarrassing. The reactions of the "audience" are produced by the roles being played rather than the people playing them.

Some suggestions and guidelines for using role play are given in the leaders' notes (page 52).

THE LAST GOODBYE AND THE HOPE OF THE RESURRECTION

People may have talked about life after death and the resurrection in previous meetings. This meeting provides an opportunity to explore the Christian hope. It is deliberately placed at the end of the meeting. It is only after the group has explored and reflected on the pain of saying goodbye that you are ready to consider the significance of the resurrection.

Too quick or early a reference to the hope of life after death can be used to avoid or shut out the pain which, if it is experienced, may be a means of growth. Think for a minute of the phrase that is often used of someone who has died, "He's in a better place". When people say this, sometimes they imply: "I do not need to look at my feelings about death and bereavement because it is all sorted out by God." These feelings, if they are permanently buried, may lead to a person becoming emotionally impoverished. The buried anger may become ingrained, and leak out in the form of "touchiness" or a proneness to jealousy or resentment.

It is possible to speak about God and suffering in such a way as to play down the importance of real human experience and emotions. We can imply that if you have faith in God, the pain of your grief does not really matter—should not even be expressed, perhaps; or that it is wrong to accuse God of anything like injustice, so that anger at what *seems* like injustice is not only futile but wrong. This can cause people to shut off and deny their true feelings.

On the other hand, we can see human experience as a way to a deeper knowledge of God. Then we want to encourage people to feel their pain and express it in whatever way seems appropriate to them; to give vent to their anger at the way life—God—has treated them. Being honest in this way— with God and with other people—means opening up the

31

possibilities of finding God "in the depths". He knows our "worst" feelings, we know he knows them, and he goes on loving and healing us.

IN THE MEETING

As usual, start by giving everyone the chance to say anything about the last session that was important to them.

(Time guide 10 minutes)

The leaders then ask members of the group to volunteer for the role plays below. The group can choose which it wants to do if it prefers not to do all of them.

1. Saying goodbye to a friend whom you see quite often and met in the street.
2. A pupil saying goodbye on his or her last day at a school to a teacher whom he or she has known for many years.
3. Saying goodbye to a brother or sister who is emigrating to Australia.
4. Saying goodbye to a guest who has outstayed his or her welcome.
5. Saying goodbye at the end of a hospital visit to a relative who is seriously ill and likely to die.

When two people have volunteered for each role play, one of the leaders checks that they understand the situation, and allows them a couple of minutes to discuss the role each will take and work out the minimum background details necessary. The other leader makes sure the room is set out so that the players have enough space and everyone else can see and hear.

Before the role plays start, allow a few minutes for everyone to make out (on a piece of paper or in a notebook) a chart like the one opposite, with five columns and six boxes in each column.

SAYING GOODBYE

Role Play	1	2	3	4	5
How would you describe this relationship in two or three words?					
How easy/ difficult was it to say 'Goodbye'?					
What feelings were demonstrated?					
What feelings do you think were hidden?					
What do you think the feelings of these two people would be when they had left each other?					
Any other comments.					

After each role play allow three or four minutes for everyone to jot down their thoughts and feelings about it, before going on to the next one.

If the role players have not already finished saying goodbye and parted, each role play is stopped *after four minutes*.

(Time guide 50 minutes)

Discuss together as a group the implications of saying goodbye, for example:

- Do we find it difficult to say goodbye?
- Do we try to avoid the pain of facing the parting?
- Is it difficult to acknowledge our feelings?
- Is it difficult to communicate our feelings?

(Time guide 15 minutes)

Discuss together as a group the final goodbye, starting with the question:

- What contributes to a healthy outcome after bereavement?

You may want to think of such things as the quality of the relationship that has come to an end, the resources of the person left behind in terms of, for example, beliefs, personal confidence, social contacts, and the insights of those who support him or her.

(Time guide 10 minutes)

After about ten minutes move on to:

- How does the Christian hope of the resurrection affect your feelings about saying goodbye?
- Does the hope of the resurrection cut out grieving as far as you are concerned?
- What is the difference between hopeful grieving and grieving without hope?

You may also like to consider:

- How far are we using our Christian faith to avoid our feelings?
- How far are we finding in it support in our pain?

(Time guide 10 minutes)

End the meeting with prayer if you wish.

BEFORE THE NEXT MEETING

Look at the following passages from the Bible, and think about the questions. Make notes of your thoughts to help you remember them at the next group meeting.

From the story of the execution of John the Baptist by Herod Antipas, ruler of Galilee, often called "the king".

So [Herod] had John beheaded in prison. John's disciples came, carried away his body, and buried it; then they went and told Jesus. When Jesus heard the news about John, he left there in a boat and went to a lonely place by himself.

Matthew 14.10,12,13a

- Why do you think Jesus withdrew to a lonely place when he heard of his cousin John's death?
- What do you think he was feeling about John?
- How do you think he was feeling about his own mission and future?

On the night before he died, Jesus shared the Passover meal with his disciples. After the meal they went out.

Then Jesus went with his disciples to a place called Gethsemane, and he said to them, "Sit here while I go over there and pray." He took with him Peter and the two sons of Zebedee. Grief and anguish came over him, and he said to them, "The sorrow in my heart is so great that it almost crushes me. Stay here and keep watch with me."

Matthew 26.36–38

35

- What caused Jesus' feelings of grief, anguish, and sorrow?
- Do you know anyone who knows they have a terminal illness and do not have long to live? Have they expressed grief, anguish and sorrow?
- Would you encourage them to? Why? Why not?

Forty days after Easter Jesus left his disciples. They would never see him or enjoy his physical presence again as they had done while he was on earth.

> *After saying this, he was taken up to heaven as they watched him, and a cloud hid him from their sight. They still had their eyes fixed on the sky as he went away, when two men dressed in white suddenly stood beside them and said, "Galileans, why are you standing there looking up at the sky?"*

> *Acts 1.9–11a*

- Why do you think the disciples were gazing up into the sky? Do you think they were finding it hard to "let go" of Jesus?
- How far does this link up with your experience of grief and separation? Do you feel that you have to "let go" of the physical presence of the one you love before you can progress to a new kind of relationship?

From one of Paul's earliest letters, to the people of the church in Thessalonica.

> *Our brothers, we want you to know the truth about those who have died, so that you will not be sad, as are those who have no hope. We believe that Jesus died and rose again, and so we believe that God will take back with Jesus those who have died believing in him.*

> *1 Thessalonians 4.13,14*

- Does hope cut out sadness and grieving?
- What is your hope? Can you put it into words?

36

Prepare for the final session by considering the suggestions below.

As part of our next meeting, the last meeting of this group, we plan to share some of the things that have particularly helped us in our loss and grief.

Is there something that is special to you — a poem or a picture or a Bible passage or a piece of music, maybe? Could you work out some way of sharing it with the rest of the group in two or three minutes?

> If it is a poem or Bible passage, could you read it?
> If it is a prayer, could you say it?
> If it is a picture, could you show it to us?
> If it is a piece of music, could you play a few minutes of it on tape?

What helped you in your loss may seem too small or insignificant to share with the group. Please do not be reluctant to share it. What matters is that it was important to you.

FINAL MEETING

A GOOD ENDING

AIM

To end the course in a constructive way.

INTRODUCTION

It is important to recognize the significance of the last meeting of the group. Think of similarities between the goodbyes of the last session and the ending of the course after this meeting.

The work of ending involves valuing what has been learnt and appreciating what is significant for each individual. The outline suggests four questions to enable you to evaluate the course.

When other members give their answers it is important that you listen carefully to what they are saying and show you recognize that these things are important for them.

It may be that you, or other members of the group, have negative feelings about the course, or some aspect of it. You, or they, may find it difficult to express them. If you do not say what you feel, it may later on block out the positive things you have gained from the group. If you can say it, it will give you greater freedom to value what you have gained from the group. So be honest; and make it clear to others that you want them to say what they honestly think.

For the group to end satisfactorily, you need, during this last session, to recognize and accept that the group as such is "dying" and to mourn its ending. It is possible that this may re-awaken feelings from earlier endings of relationships. There may be signs of grief in the group, so there is a need to be alert for these. It is important that all members have the opportunity to work through their feelings about the ending of the group.

The second main part of the session is the sharing of those things that you found particularly helped you in your loss and grief. It does not matter how small or apparently insignificant the contribution is. What matters is what it means to the individual. Do not hurry this stage, but give time to appreciate what people are giving of themselves.

You may think it appropriate to end with snacks or cake and something of a party atmosphere (like a wake?). The importance of rituals in marking the end of a group's life should not be under-estimated. Similarities with other rituals can be recognized and acknowledged.

IN THE MEETING

Briefly recap on the previous session and the responses to the Bible passages.

(Time guide 5 minutes)

Brainstorm, with comments written on wallsheets — "Saying goodbye feels like . . ."

(Time guide 10 minutes)

For those who have no previous experience of brainstorming, it will be helpful to make the principles of brainstorming clear, especially the two basic rules:

● If you think of something, say it, even if it seems "way out" or bizarre.

39

- No disagreement or criticism is allowed while the brainstorm is on.

In pairs, share answers to the following questions:

- What has been good in the course?
- What has been difficult?
- What have I gained by being part of the group?
- What have I given the group?

(Time guide 15 minutes)

Then share those answers as a group.

(Time guide 20 minutes)

Have a time of silent prayer, perhaps ending with the Lord's Prayer said together.

(Time guide 5 minutes)

Share as a group those things which you have found of particular help in grief or loss.

(Time guide 30 minutes)

End the meeting with refreshments and time for saying goodbye.

ALTERNATIVE MEETING

"SHADOWLANDS"

AIM

To provide an alternative or additional session, if appropriate, particularly where a group has found it difficult to share personal feelings.

INTRODUCTION

Shadowlands — a TV film and a book — is an account of C S Lewis's love for Joy Davidman, their marriage and her death. An abridged version of the TV film is available on VHS video, from BBC Publications. It is a powerful and moving film, and some people may find it painful and disturbing to watch.

However, by watching and listening to the account of someone else's experience of grief some members may be able to get more in touch with their own experience. Some may find it easier to talk about the experience of the people in the video because it is "out there" and safer to talk about than their own experience. They may use that discussion to explore their own feelings in a relatively safe way.

A session based on the video could be included between the third and fourth meetings, the fourth and fifth, or possibly the fifth and sixth. It could also be used as an alternative to the fifth meeting. It requires the use of a VHS recorder, and someone who has the skill to operate the TV and recorder effectively.

IN THE MEETING

Recap on the previous session, and the response material.
(Time guide 10–30 minutes)

Watch the video.
(Time guide 25 minutes)

Reflect on the film in silence for a short time.
(Time guide 5 minutes)

As a group, consider the following questions:

- What has been the impact of the film on you?
- Was there anything you found particularly helpful in it?
- Was there any new insight or understanding you gained?
- Was there anything you found difficult in it that you would be willing to share with the group?

(Time guide 30 minutes)

End the meeting with prayer, if you wish.

NOTES FOR GROUP LEADERS

It is worth your while spending some time reading these notes and thinking them through. This will help you to lead the group meetings with confidence. Before going any further, however, please note that we advise those who are within eighteen months of a painful bereavement or separation to wait a year before joining a group.

The course is based on the principle of *learning through reflecting on experience* and is designed to enable those taking part:

- to reflect on their experience of grief;
- to use the Bible to help them in understanding their experience;
- where appropriate, to work out what action to take in particular situations.

LEARNING FROM THE COURSE

Through being part of the group, members are likely to gain a good deal of knowledge, both about the subject of the course and about the Christian faith. But imparting this knowledge is not the main aim of the course. It is designed to stimulate the kind of learning which involves personal change.

The course aims to help members to:

- *gain new insights* into themselves and other people;
- *develop new attitudes* towards the situations they face;
- *take new initiatives* in their own lives and in seeking to serve other people in Christ's name.

PRINCIPLES UNDERLYING THE COURSE

Underlying the design of the course are a number of principles, which can be summarized as follows:

People's experience is a rich resource for learning, and reflection on experience is a vital tool in adult learning.

People's feelings have an important role in helping or hindering their learning.

The way people experience the group also has a significant effect on their learning, so that sensitivity to the emotional life of the group is a key element in group leadership.

Biblical and other Christian material can be used to enable people to gain new insights into their everyday experience.

Ideas from the social and human sciences are also valuable in enabling people to understand their everyday experience in new ways.

THE GROUP LEARNING PROCESS

The mood, or "feel" of the group is fundamental to the learning process.

An open, questioning mood which encourages members to keep asking themselves and each other such questions as "Why do I feel that?" or "What are the consequences of doing that?" will encourage learning. An approach which tries to teach people, or gives neat answers to complex questions, will inhibit learning.

Members will learn at their own pace. They will share difficulties and confidences when they feel ready to do so. If they are hurried or pushed faster then they are ready to go, they will tend to clam up.

If the mood of the group is open and relaxed, ready to accept attitudes without criticizing them, it will encourage members to be open and speak frankly of difficulties and so help them to learn more easily and quickly.

When does the questioning and exploring of someone's statement, which can enable them and the rest of the group to learn, come to be felt as implied criticism which makes the speaker clam up? The judgements leaders make about that are an important part of what they bring to the group.

LEADERSHIP IN LEARNING

In any course which aims at learning involving personal change the role of those leading the group is crucial.

If the leaders are seeking to gain new insight and are ready to change their own attitudes, they will encourage a climate in which other people expect to learn and change.

If the leaders are not expecting to learn and to change, they are likely to act as a damper which suppresses the possible learning and development of members. The leaders' openness to being changed by the group is vital to the group's effectiveness.

The task of the group leaders in this course is:

1. to enable members of the group to learn through gaining new insights into past and present experience;

2. to allow the expression of feelings in a way that is safe for the individual and the group;

3. to encourage reflection on the "meaning" of experience in a flexible and sensitive way, i.e. a way that takes account of individual experience and individual capacity for understanding;

4. to enable members to relate their experience to Christian understanding found in the Bible and other Christian writing.

MAKING SESSIONS SAFE

The second task above referred to "the expression of feelings in a way that is safe".

One way to deal with the subject of suffering and grief is to look at the issues raised in a superficial way. Group members would then not be confronted with the deeper elements of painful experience, and to that extent group sessions would feel "safe". However, members would be unlikely to gain much from the course. It is the hope in offering this course that groups would want to take the risk of exploring the subject at a deeper level, while understanding the ways of preventing unhelpful personal pain. "Safe" does not mean *without distress* but it does mean *with adequate sensitive support*.

A consequence of following this course is that painful events will be explored and the distress associated with those events reactivated. If people are to feel safe in expressing their thoughts and feelings, they need to understand that emotions are a natural consequence of significant experiences and are neither good or bad in themselves. In other words, if we feel anger as a result of being hurt, that is normal and acceptable.

It is only if we express that anger inappropriately, that it is not acceptable.

One of the ways in which we can deal with feelings such as anger, resentment, jealousy, is not to suppress the feelings but to share the distress with someone, or in a group such as this. This enables us to rid ourselves of the pent-up emotion.

Watching people express deeply felt distress can be disturbing to others in a group. They need to be reminded that this is a useful means of working through pent-up feelings, and not a demonstration that a person is angry with this particular group.

It is not enough for the leader to understand what is happening when emotions are expressed. Some time needs to be spent establishing "group" understanding if an individual is to feel safe in exposing his or her feelings. Acceptance by the group is an essential condition in affording safety to the individual.

During any session which has an emotional component, time needs to be taken in leaving the individual and/or group in a positive mood.

This can be done in several ways:

- Ask people to contrast the heaviness/depression/failure of an experience with the positive things that emerged — strength gained/new insight etc.
- Assure the group that facing difficult emotions "head-on" is the start of resolving them and finding healing.
- Assure people that more time outside the group can be given to someone or some section of the group with a particular emotional burden.
- Assure the group that respect for each member and his or her experience is implicit, and that information and feelings which emerge in the session will be treated by *everyone* in *confidence*. (This point needs to be made at

the beginning and end of a session).

- Lighten the atmosphere of the group by getting people to divert from the pain and think of something neutral, e.g. a picture on the wall, or something they are looking forward to.

These points imply that leaders themselves need to have spent time resolving their own grief if they are to have the capacity and confidence to help others do this. If an individual leader has limited experience of this, the preparation by the two leaders will need to include their exploring with each other their own experience of loss and grief and the feelings they have about them now.

ENABLING PEOPLE TO LISTEN

An important part of group leadership is assisting and enabling members to listen to each other. The process of sharing feelings may be a creative experience for group members. For example, a resentment expressed by one member and accepted by the group may be defused or reconsidered, so that it is changed from a private hurt into an impetus for new thinking and acting. Leadership is particularly demanding when conflict emerges, especially when feelings are involved. It is likely that one of the leaders will need to help the group to stop and review what is happening. It may be helpful to make some comment such as "A and B seem to be at cross-purposes," and then ask such questions as:

"A, how did it feel when B said . . . to you?"

"B, how did it feel when A replied . . . ?"

"How were the rest of you feeling when A and B were getting

angry with each other?"

"A, what would you like to say to B now?"

ASSISTING EXPRESSION OF FEELING

Different individuals and different groups will describe their experience in different ways. Two patterns which may need an active response from the leaders are worth noting.

First, some people tend to describe their experience in a blow-by-blow fashion, giving very little indication of their feelings. Leaders will need to work out ways of encouraging them to put their feelings into words.

Secondly, those who are used to intellectual work may well use intellectual analysis as a defence against their emotions. It can be a very strong defence. Leaders will need to work out ways of assisting such people to feel as well as to analyse and explain.

It is important not to confuse the fact that at times feelings of distress and discomfort are expressed, with the idea that the group is not working effectively. The course is intended to allow people's distress to emerge, so that with the support of the group, they may grow as persons through their experience of grief.

Because people are sad, perhaps tearful, perhaps angry, even angry with the course and the group because it has brought to the surface strong feelings that have long been buried, it does not mean the group is not working effectively. Continuing defensiveness and an unwillingness to share feeling, even after several sessions, are clearer indicators of a group that is "not working".

THE CHRISTIAN HOPE
OF THE RESURRECTION

It is likely that as they describe their experience of grief in the first few sessions, some of the group will talk about their beliefs in life after death, and their hope of the resurrection. The course material does not focus on this until the fifth meeting, but it will be important for leaders to respond to what members say at the point at which they say it.

Please read the section *The last goodbye and the hope of the resurrection* on page 31. You may find it helpful to keep in mind two questions:

- How far are we using our Christian faith to avoid facing our feelings?
- How far are we finding in our faith support to bear our pain?

PRACTICAL QUESTIONS IN LEADING A GROUP

DUAL LEADERSHIP

To lead a group in which the learning is largely derived from the experience of the members is a demanding task. Experience of *Growing through Grief* groups has shown that there are several advantages in having two people sharing the leadership.

They can plan the meetings together and use their different skills and experience in leading the group. They can take complementary roles in the group meetings, for example, one introducing the activities and ideas while the other focuses on and responds to the feelings expressed by group members. They can bring different perspectives to the group and provide a broader view than either could on her or his own. They can reflect together after each meeting and talk over areas of difficulty. When the group is sticky or discouraging, they can support each other.

In practice these advantages are hard to realize. It takes time to develop a working partnership, and to reflect and plan together, and time is usually at a premium. The two may not "gell" into an easy relationship. Dual leadership may slide into alternate leadership in which the two leaders take alternate sessions without achieving the benefits that are possible when leadership is shared.

However, the advantages of shared leadership are great enough to make it worth working to achieve them.

FORMING THE GROUP

People leading groups are generally aware that it is likely to be a demanding task, but often underestimate what is involved in getting the group together. It is wise to start work on forming the group six weeks before the first meeting, to allow plenty of time to invite people and to respond to their questions and hesitations.

ADAPTING THE MATERIAL

How much ground groups cover in a meeting depends on how many there are in the group and how freely they talk. It is up to those leading the group to decide whether to use all the material or to leave some parts out. If you do leave some parts out, reflect on the difference it may have made.

MATERIAL FOR RECORDING

The third and fourth meetings of *Growing through Grief* include material which is designed for the group to listen to as a group. There is a conversation between Anne, a counsellor, and June, whose husband died eighteen months ago (third meeting) and a father telling the story of the death of his two children (fourth meeting).

The best way to present this material is to pre-record it on a cassette. This does not need to be expertly done, but simply done as well as possible with the resources available. For example, if you know someone who is a counsellor, you might ask them to take the part of the counsellor in making the recording. Use people you know who have good speaking voices and the ability to convey moods and feelings through their voices.

ROLE PLAYS

In the fifth meeting it is suggested that the group uses role play as a way of exploring the feelings involved in saying goodbye.

Some suggestions and guidelines for using role play are given below:

An important part of the skill of using role play lies in establishing a sufficiently clear boundary around the role play. Everyone needs to be clear about the distinctions between the *persons* who are taking part in the role play and the *roles* which they are playing, even though in playing these roles they are using the bodies, minds and characteristic ways of thinking, feeling and behaving that make them the persons they are.

Leaders who are using role play need to be alert to the implications of feelings that are carried over the boundary between the role play and the rest of life. For example, role-playing saying goodbye to a brother who is emigrating may arouse intensely disturbing feelings in someone who is parted from a brother with whom he or she has had an unsatisfactory relationship. Someone whose behaviour in the role play is sharply criticized may go away with feelings of failure and inadequacy that last for weeks and months.

To assist in maintaining the boundary around the role play we recommend the following:

- In giving each pair the situation they are to role-play, the leader checks that it is not likely to raise a painful situation for them because of similar circumstances.

- The leader asks them to choose fictitious names which they will use in the role play, and introduces them to the rest of the group by those names.
- The leader states the maximum time the role play will last, and makes it clear when it begins and ends.
- After the role play is over and people have had sufficient time to reflect on it, the leader thanks the role players, using their real names, asks them if it has stirred up any feelings that will be difficult for them, and leads the group in giving them a round of applause.

REFLECTING ON THE GROUP MEETINGS

Reflecting on the group meetings afterwards is an essential part of leading the group. Learning from the experience of what has happened, you will be able to adapt your leadership in response to the developing life of the group.

After each meeting jot down your answers to as many of these questions as you can. Rough notes made quickly, before your impressions are buried by everything else that happens to you, can be invaluable. Further reflections can be added later.

Which meeting was it?

Who was there? (Or who was missing?)

What was your aim in leading the group?

Which part did people find most interesting?

What were the main issues for group members?

What was the mood of the group? Did it help people to learn or hinder them?

What were the most important things group members learned?

What were the most important things you learned?

What links did people make between their experience and Christian ideas?

PREPARING YOURSELF TO LEAD THE GROUP

Before the group starts, make time for a meeting with your co-leader to prepare yourselves for leading the group.

Take about fifteen minutes each to tell one another informally about your experience of loss, bereavement and grief, e.g.

- of people close to you;
- of others not so close who have died suddenly or in tragic circumstances;
- of other kinds of loss (e.g. of a home).

Using the trigger pictures provided for the second meeting, spend a few minutes looking at them, and select a personal memory which has been triggered off by one of them. Sit quietly on your own and try to recall the details of the experience, e.g. how old you were at the time; where you were; who was with you; what happened; how you reacted; what your feelings were. You may like to make notes to help you in telling your story.

Describe your experience to each other in about ten minutes each. Encourage each other to focus on your feelings and how you responded to them.

Reflect together on the experience of sharing:

- What was good about thinking and sharing together?
- What was difficult about it?
- How could it be made easier for you?

Reflect together on the whole session:

- How did you feel doing the exercise?
- How would you feel leading a group in which people express pain, anger and unresolved grief?
- How would you react to these?

If you wish, end by reading the verses below and praying together.

> LORD, you have examined me and you know me.
> You know everything I do;
>   from far away you understand all my thoughts.
> You see me, whether I am working or resting;
>   you know all my actions.
> Even before I speak,
>   you already know what I will say.
> You are all round me on every side;
>   you protect me with your power.
>
> You created every part of me;
>   you put me together in my mother's womb.
> I praise you because you are to be feared;
>   all you do is strange and wonderful.
>   I know it with all my heart.
> When my bones were being formed,
>   carefully put together in my mother's womb,
>   when I was growing there in secret,
>   you knew that I was there—
>   you saw me before I was born.
> The days allotted to me
>   had all been recorded in your book,
>   before any of them ever began.
> O God, how difficult I find your thoughts;
>   how many of them there are!
> Examine me, O God, and know my mind;
>   test me, and discover my thoughts.
> Find out if there is any evil in me
>   and guide me in the everlasting way.
>
> **Psalm 139.1–5, 13–17, 23–24**

FURTHER READING

BLAIKLOCK E M **Kathleen** Hodder & Stoughton
CRAIG M **Blessings** Hodder & Stoughton
HILL S **In the Springtime of the Year** Penguin
JACKSON E N **The Many Faces of Grief** SCM
KOPP R L **When Someone You Love is Dying** Lion
KUSHNER H **When Bad Things Happen to Good People** Pan
LEWIS C S **A Grief Observed** Faber & Faber
MURRAY-PARKES C **Bereavement** Pelican
RICHARDSON J **A Death in the Family** Lion
WALTER T **Funerals and How to Improve Them**
    Hodder & Stoughton
WARREN A (ed.) **Facing Bereavement** Highland
WHITNEY T **Why Suffering?** Bible Society
WIERSBE W **Why Us? When Bad Things Happen to God's People**
    IVP
WILLIAMS P **Everlasting Spring** Falcon
WOOD M **Comfort in Sorrow** Falcon
WRIGHT M **A Death in the Family** Macdonald

SOME USEFUL ADDRESSES

British Council for Rehabilitation of the Disabled, Tavistock House (South), Tavistock Square, London WC1H 0LB

CRUSE (national widows organization), Cruse House, 126 Sheen Road, Richmond, Surrey TW9 1UR

MIND (National Association for Mental Health), 22 Harley Street, London W1N 2ED

The Samaritans, 17 Uxbridge Road, Slough, SL1 1SN

SANDS (Stillbirth and Neonatal Death Society), 28 Portland Place, London W1N 3DE

Society of Compassionate Friends (help for bereaved parents), 8 Westfield Road, Rugby

Fig. 1

Fig. 2

58

Fig. 3

Fig. 4